Marc Daniels

Aus der Reihe: e-fellows.net stipendiaten-wissen

e-fellows.net (Hrsg.)

Band 1388

Grundlagen und Begriff des Sachenrechts

GRIN Verlag

Bibliografische Information der Deutschen Nationalbibliothek:

Die Deutsche Bibliothek verzeichnet diese Publikation in der Deutschen National-
bibliografie; detaillierte bibliografische Daten sind im Internet über http://dnb.d-
nb.de/ abrufbar.

Impressum:

Copyright © 2015 GRIN Verlag, Open Publishing GmbH
Druck und Bindung: Books on Demand GmbH, Norderstedt Germany
ISBN: 978-3-668-00446-7

Dieses Buch bei GRIN:

http://www.grin.com/de/e-book/301267/grundlagen-und-begriff-des-sachenrechts

GRIN - Your knowledge has value

Der GRIN Verlag publiziert seit 1998 wissenschaftliche Arbeiten von Studenten, Hochschullehrern und anderen Akademikern als eBook und gedrucktes Buch. Die Verlagswebsite www.grin.com ist die ideale Plattform zur Veröffentlichung von Hausarbeiten, Abschlussarbeiten, wissenschaftlichen Aufsätzen, Dissertationen und Fachbüchern.

Besuchen Sie uns im Internet:

http://www.grin.com/

http://www.facebook.com/grincom

http://www.twitter.com/grin_com

Inhaltsverzeichnis

A. Sachenrechtliches System

Es gibt dingliche Rechte, Ansprüche, gesetzliche Schuldverhältnisse und auch dingliche Rechtsgeschäfte.

I. Dingliche Rechte

Dingliches Recht = Recht zur unmittelbaren Herrschaft über eine Sache (positiv) bzw. Recht andere Personen von einer Einwirkung auszuschließen (negativ).

Bsp.: **Eigentum** (§ 903 BGB)
Dienstbarkeiten, wie
      Grunddienstbarkeiten (§ 1018 BGB)
      Nießbrauch an Sachen (§ 1030 BGB)
      Rechten (§ 1068 BGB)
      die beschränkt persönliche Dienstbarkeit (§ 1090 BGB)
      Wohnungsrecht (§ 1093 BGB)
Reallast (§ 1105 BGB)
Grundpfandrechte, wie
      Hypothek (§ 1113 BGB)
      Grundschuld (§ 1191 BGB)
      Rentenschuld (§ 1199 BGB)
Pfandrechte an Sachen (§ 1204 BGB)
Rechten (§ 1273 BGB)

Zudem gibt es Sonderformen, welche zwar keine Beherrschung einer Sache mit sich tragen, jedoch eine gegenüber jedermann durchsetzbare Befugnis aufweisen.

Bsp.: Besitz (§§ 854 ff. BGB)
      Vormerkung (§§ 883 ff. BGB)
      Dingliches Vorkaufsrecht (§§ 1094 ff. BGB)
      Aneignungsrechte (§§ 928 II, 958 II BGB)
      Anwartschaftsrechte

Eigentum = Umfassendes Vollrecht an einer Sache, welches dem Eigentümer vor allem die Befugnis zur beliebigen Nutzung und Verwertung gewährt.

→ Beschränkte dingliche Rechte

Der Eigentümer kann kraft umfassender Herrschaft auch andere Personen an einzelnen seiner Befugnisse teilhaben lassen, indem er aus seinem Vollrecht beschränkte Teilbereiche abspaltet. Somit erhalten andere Rechtssubjekte beschränkte dingliche Rechte (Eigentumssplitter).

Beschränkte dingliche Rechte gewähren an einer Sache jeweils nur bestimmte Teilberechtigungen und beschränken zugleich in diesem Bereich die Herrschaft des Hauptrechtsinhabers. Beschränkte dingliche Rechte lassen sich in Verwertungs-, Nutzungs- und Aneignungsrechte unterteilen.

Beachte: Das Eigentum bleibt auch dann fortbestehen, wenn sowohl das Nutzungs- als auch das Verwertungsrecht völlig auf eine oder mehrere andere Rechtssubjekte übertragen wurde.

Hinweis: Beschränkte dingliche Rechte an Grundstücken lassen sich in subjektiv- persönliche <u>Personalrechte</u> (stehen einer bestimmten Person zu) und subjektiv-dingliche <u>Realrechte</u> (stehen dem Eigentümer eines anderen Grundstücks zu) unterteilen.

II. Dingliche Ansprüche

Dingliche Ansprüche = Hilfsrechte des Inhabers zur Durchsetzung dinglicher Rechte und zur Herstellung des dem dinglichen Recht entsprechenden Zustandes.

Bsp.: Herausgabeansprüche (z.B. §§ 861, 985, 1007, 1227 BGB)
Abwehransprüche gegen Störungen (z.B. §§ 1004, 1227 BGB)
Ansprüche auf Befriedigung (§§ 1113, 1191, 1204 BGB)

Beachte: Nach h.M. sind dingliche Ansprüche nicht ohne das jeweilige dingliche Recht übertragbar. Allerdings kann die Ausübung einem anderen überlassen werden.

III. Dingliche gesetzliche **Schuldverhältnisse**

Gesetzliche Schuldverhältnisse bezwecken über einen erweiterten Schutz der dinglichen Rechte hinaus vor allem den Interessenausgleich zwischen den an einem dinglichen Rechtsverhältnis beteiligen Personen.

Bsp.: Verhältnis zwischen Eigentümer und Besitzer (EBV) (§§ 987 ff. BGB)
Verhältnis zwischen Miteigentümern (§§ 1008 ff. BGB)

Beachte: Ansprüche aus ges. SV sind selbstständig abtretbar und wechseln den Inhaber nicht automatisch mit dem dinglichen Recht.

IV. Dingliche **Rechtsgeschäfte**

Dingliche Rechtsgeschäfte (Umgestaltungen) sind immer auf die Übertragung, Belastung, Aufhebung oder Änderung eines Rechts gerichtet.

Bsp.: Übereignungsgeschäft gerichtet auf Übertragung des Eigentums (§ 929 BGB)

Merke: Dingliche Rechtsgeschäfte über Sachen fordern zudem neben der dinglichen Einigung auch einen <u>äußeren Akt der Kenntlichmachung</u> (bspw. die Übergabe oder Eintragung).

B. Sachenrechtliche Grundsätze

Das Sachenrecht folgt einigen Grundsätzen die im Nachfolgenden behandelt werden. Allerdings bestehen zu diesen Prinzipien durchaus auch Ausnahmen, um eine interessengerechte Lösung des Falls zu erreichen.

I. Absolutheitsprinzip

Dingliche Rechte gehören hiernach zur Gruppe der absoluten Rechte, die sich gegen jedermann richten, von jedermann zu beachten sind und daher gegen jedermann schützen (umfassender Rechtsschutz).

II. Numerus-clausus-Prinzip (NC-Prinzip)

Hiernach sind dingliche Rechte abschließend normiert. Es bedeutet faktisch, dass im Sachenrecht Typenzwang herrscht. Wer dingliche Rechtsverhältnisse regeln will, muss dies unter Zugrundelegung der sachenrechtlichen Normen tun.

Merke: Damit ist die Vertragsfreiheit im Sachenrecht eingeschränkt. Zwar besteht trotz allem Abschlussfreiheit, jedoch ist die Inhalts- und Gestaltungsfreiheit eher statisch.

III. Trennungsprinzip

Dieses Prinzip besagt lediglich, dass zwischen Verpflichtung und Verfügung strengstens zu trennen ist.

Folge dieses Prinzips ist bspw., dass die Wirkung der Verpflichtung und die der Verfügung an verschiedene Voraussetzungen knüpfen können, wie etwa beim Eigentumsvorbehalt.

IV. Abstraktionsprinzip

Das Abstraktionsprinzip setzt die Anwendung des Trennungsprinzips voraus und geht über dieses noch hinaus.

a) Äußere Abstraktion
Zum einen hängt die Wirksamkeit eines Verfügungsgeschäfts nicht von der Wirksamkeit des ihm zugrunde liegenden Verpflichtungsgeschäfts ab.

b) Innere Abstraktion
Zum anderen ist das Verfügungsgeschäft selbst inhaltlich zweckfrei. Es ist damit auch dann wirksam, wenn die Parteien hinsichtlich des Verfügungszwecks nicht übereinstimmen. Die dingliche Einigung beschränkt sich auf das wesentlichste: Vertragsparteien und Umgestaltung.
Merke: Die dingliche Einigung muss nur hinsichtlich der dinglichen Umgestaltung (bspw. hinsichtlich der Eigentumsübertragung) übereinstimmen, der Grund (Zweck) der Umgestaltung ist hingegen nicht Teil der Einigung.

Hinweis: Aufgrund des Abstraktionsprinzips ist das Bereicherungsrecht nötig, denn trotz einer vertraglichen Rechtsgrundlosigkeit bleibt der neue Eigentümer Eigentümer.

Beachte: Allerdings kommt es an manchen Stellen zur Durchbrechung des Abstraktionsprinzips! (siehe folgend)

Ausnahmen vom Abstraktionsprinzip:

a) Fehleridentität

Hinweis: Bei der Fehleridentität handelt es sich, anders als beim Bedingungszusammenhang und der Geschäftseinheit von Verfügung und Verpflichtung, nicht um einen wirklichen Durchbruch vom Abstraktionsprinzip, sondern eher um eine Kongruenz/Simultanität zwischen den beiden Fehlern von Verfügungs- und Verpflichtungsgeschäft.

b) Bedingungszusammenhang

Von einem Bedingungszusammenhang wird bspw. gesprochen, wenn das Verfügungsgeschäft die Bedingung enthält, dass das Verpflichtungsgeschäft wirksam sein muss. Ein weiteres Bsp. ist die Übereignung unter Eigentumsvorbehalt (§ 449 I BGB) (Verfügung über ein Anwartschaftsrecht), welche die Bedingung der vollständigen Kaufpreiszahlung aus dem Verpflichtungsgeschäft beinhaltet.

Beachte: Die Auflassung (§ 925 II BGB) ist bedingungsfeindlich!

Merke: Um das Abstraktionsprinzip nicht zu untergraben, ist stets eine ausdrückliche Einigung über den Bedingungszusammenhang erforderlich. Es ist also nicht möglich, aufgrund der Interessenlage immer auf eine an das Verpflichtungsgeschäft bedingte Verfügung zu schließen.

c) Geschäftseinheit von Verpflichtung und Verfügung (§ 139 BGB)

Kaum relevant. Eine Geschäftseinheit der beiden Geschäfte liegt nur vor, wenn dies ausdrücklich vereinbart wurde. Sehr restriktive Verwendung dieses Konstituts zur Wahrung des Abstraktionsprinzips.

V. Bestimmtheits- oder Spezialitätsgrundsatz

Dingliche Rechte sind - um Rechtsklarheit zu gewährleisten - immer an eine bestimmte einzelne Sache gebunden.

Merke: Daraus folgernd sind Verfügungen über Sach- oder Rechtsgesamtheiten, wie das Vermögen einer Person, Teile eines Warenlagers oder ein ganzes Unternehmen nicht möglich. In diesen Fällen wird über jede einzelne Sache auch einzeln verfügt.[1]

---

[1] Eine Verpflichtung zur Übertragung einer Sach- oder Rechtsgesamtheit ist hingegen unproblematisch möglich (Trennungsprinzip).

5

VI. Publizitäts- oder Offenkundigkeitsgrundsatz

Nach diesem Prinzip müssen Verfügungen möglichst nach außen wahrnehmbar offengelegt werden, um Rechtsklarheit zu wahren, denn ein bestehendes dingliches Recht, dass von jedermann beachtet werden soll, sollte auch für jedermann erkennbar sein.

Beispiele für Publizitätsmittel sind die Eintragung in das Grundbuch (bei Grundstücken), der Besitz (Übergabe) bei beweglichen Sachen.

VII. Akzessorietätsgrundsatz

Dieses Prinzip spielt bei Sicherungsrechten eine Rolle. Damit entsteht eine Verknüpfung von gesichertem und sicherndem Recht.

VIII. Übertragbarkeit

Grds. sind dingliche Rechte übertragbar. Ausgenommen von diesem Grundsatz ist der Nießbrauch gem. § 1059 BGB und gem. § 1061 BGB. Auch die Grunddienstbarkeit gem. § 1018 BGB kann nur zusammen mit dem Grundstück übertragen werden, da es sich um einen <u>wesentlichen Bestandteil des Grundstücks gem. § 96 BGB</u> handelt.

C. Der Sachbegriff

Gegenstand des Sachenrechts sind Sachen! Gesetzliche Regelung findet der Sachbegriff in den §§ 90-103 BGB.

I. Körperliche Gegenstände

Die Ausgangsnorm bildet <u>§ 90 BGB</u>. Nach dieser sind Sachen nur **körperliche Gegenstände**.

Gegenstand ist dabei <u>alles, was Objekt von Rechten sein kann (Rechtsobjekte)</u>.

Merke: Zu den Gegenständen gehören neben den Sachen i.S.d. § 90 BGB damit auch Forderungen, Immaterialgüterrechte und sonstige Vermögensrechte. Damit sind Gegenstände umfassender (auch nichtkörperlich) als Sachen.

Körperlich ist ein Gegenstand, <u>wenn er im Raum abgrenzbar ist</u>.

Bsp. sind körperliche Begrenzungen, wie Gas in einem Ballon, Wasser in einer Flasche oder künstliche Begrenzungen, wie Einzeichnungen in einer Karte und Abgrenzungssteine.

Beachte: Der Aggregatzustand spielt für die Körperlichkeit keine Rolle. Lediglich die <u>Abgrenzbarkeit</u> und die <u>Verkehrsanschauung</u> ist maßgebend!

Problem: **Verkörperte Geisteserzeugnisse**

Werden Geisteserzeugnisse in einem materiellen Medium verkörpert, trifft der Sachbegriff nur das Medium. Davon zu trennen ist das Recht am geistigen Werk selbst (Patent, Urheberrecht)!

Problem: **Menschliche Körperteile / Körpereigene Erzeugnisse**

Nicht zu den Sachen gehören der Körper des lebenden Menschen sowie seine ungetrennten Teile, seien diese auch künstlich (Art. 1 I GG).

Hingegen sind vom Körper getrennte Körperteile Sachen, welche sich mit der Trennung entsprechend § 953 BGB ipso facto in Eigentum des bisherigen Trägers verwandeln.

Sonderfall: Spenderbezogene Eigenverwendung abgetrennter Körperteile

Bei einer Abtrennung zu dem Zweck, die Teile später wieder in den Körper des Spenders einzusetzen (Eizellen einfrieren zur späteren Wiedereinsetzung, Eigenblutspende) kann von einem nur vorübergehend ausgelagerten Körperteil gesprochen werden, welches weiterhin mit dem übrigen Körper in funktionaler Einheit steht und damit keine Sache darstellt!

Sonderfall: Drittspende

Bei der Drittspende bleibt der abgetrennte Körperteil bis zur eventuellen Implantation der Sache analog § 953 BGB im Eigentum des Spenders.

Sonderfall: Samenspende

Bei der Samenspende differenziert der BGH:

➔ Erfolgt die Spende zwecks Fortpflanzung des Spenders, bleibt die Samenspende funktionaler Bestandteil des Spenderkörpers und daher Körperteil.

➔ Erfolgt die Spende zwecks Befruchtung der Eizelle einer unbekannten Dritten (anonyme Samenspende), stellt das Ejakulat eine Sache dar und befindet sich – vorausgesetzt einer wirksamen Verfügung und Verpflichtung - bis zur Befruchtung im Eigentum der Samenbank.

Sonderfall: Leichnam
Der Leichnam stellt nach h.M. zwar eine Sache dar, ist aber wegen des fortwirkenden (postmortalen) Persönlichkeitsrechts dem Rechtsverkehr entzogen, sodass an einer Leiche grds. kein Eigentum entstehen kann. Auch künstliche, mit der Leiche verbundene Teile sind während der Verbindung nicht eigentumsfähig und bilden Körperteile.

Ausnahme: Anatomieleichen, Moorleichen im Museum, prähistorische Skelettfunde.
Hinweis: Bedeutsam ist diese Frage insbesondere für das Strafrecht (§§ 242, 303 StGB) und zivilrechtliche Schadensersatzansprüche (hier insbesondere das Schmerzensgeld, welches es gem. § 253 II BGB nicht bei der Verletzung von Sachen gibt).

II. Bewegliche Sachen (Mobilien) / Unbewegliche Sachen (Immobilien)

Bewegliche Sachen (Mobilien) sind alle Sachen, die nicht Grundstücke, den Grundstücken gleichgestellt oder Grundstücksbestandteile sind.

Unbewegliche Sachen e.c. ...

Ein Grundstück ist ein abgegrenzter Teil der Erdoberfläche, der im Bestandsverzeichnis eines Grundbuchblattes unter einer besonderen Nummer eingetragen oder gem. § 3 V GBO gebucht ist. Zum Gundstück zählen auch alle wesentlichen Bestandteile gem. §§ 93, 94 BGB, sofern diese nicht nur Scheinbestandteile i.S.d. § 95 BGB sind.

Hinweis: Gem. § 905 BGB erstreckt sich das Eigentum am Grundstück sowohl auf die Oberfläche, die Luftsäule darüber und den Erdkörper darunter.

III. Einheitssache / Gesamtsache (zusammengesetzte Sache)

Einheitssache meint, dass die Sache aus einer natürlichen Einheit (einem Stück) besteht.

Bsp.: Ein Stein, ein Getreidekorn

Eine zusammengesetzte Sache liegt vor, wenn sie aus einer Vielzahl von Teilen zusammengesetzt ist.

Bsp.: Auto

Hinweis: Einheits- und Gesamtsachen sind Einzelsachen.

Bestandteile sind Teile einer Gesamtsache, die durch ihre Verbindung die Selbstständigkeit verloren haben. Sie werden von der Verkehrsanschauung lediglich als <u>zur Sache gehörig</u> angesehen.

Wesentlich i.S.d. § 93 BGB ist ein Bestandteil, wenn <u>durch eine Trennung</u> der <u>zurückbleibende Rest</u> <u>zerstört</u> oder <u>in seinem Wesen verändert</u> wird.

In seinem Wesen verändert bedeutet die Aufhebung oder wesentliche Mlnderung seiner zweckbestimmenden Eigenschaften oder seiner wirtschaftlichen Bedeutung.

Unklarheit: Warum sind dann Reifen an einem Auto keine wesentlichen Bestandteile?

Beachte: Nach <u>§ 93 BGB sind wesentliche Bestandteile nicht sonderrechtsfähig</u>, sondern sind derselben Person rechtlich zugeordnet wie die Gesamtsache. D.h. wird eine Sache zu einem wesentlichen Bestandteil, erlöschen die zuvor an ihr bestehenden Rechte (§§ 946 ff. BGB).

Hinweis: Der Verlust der Sonderrechtsfähigkeit wird durch den Rechtsfortwirkungsanspruch gem. §§ 951, 812, 818 II BGB abgegolten. "Dein Eigentum bekommst du zwar nicht wieder, aber dafür Wertersatz.".

§ 94 BGB stellt eine Spezialregel für Grundstücke dar, die § 93 BGB verdrängt. Aus Gründen der Rechtsklarheit für den Käufer sind wesentliche Bestandteile bei einem Grundstück nur Teile, die **fest** mit dem Grundstück verbunden sind, § 94 I BGB.

Fest sind die Teile verbunden, wenn eine Trennung teuer wäre oder die getrennten Teile erheblich beschädigen würde.

Nach § 94 II BGB ist wesentlicher Bestandteil auch all das, was zur Herstellung in ein Gebäude eingefügt wurde und dem Gebäude nach der Verkehrsauffassung ein bestimmtes Gepräge gibt.

Merke: Eine feste Verbindung ist bei § 94 II BGB jedoch nicht erforderlich.

Gem. § 96 BGB zählen auch subjektiv-dingliche Rechte (Grunddienstbarkeit, Vorkaufsrecht, Reallast) zu den wesentlichen Bestandteilen des herrschenden Grundstücks.

Nicht zu den wesentlichen Bestandteilen gehören sog. Scheinbestandteile. Diese stellen selbstständige bew. Sachen dar, auch wenn sie tatsächlich unbeweglich sind.

Ein Scheinbestandteil liegt vor, wenn die Sache nur zu einem vorübergehenden Zweck mit dem Grundstück (§ 95 I 1 BGB) oder dem Gebäude (§ 95 II BGB) verbunden ist.

Vorübergehend ist die Verbindung, wenn die spätere Trennung bereits z. Zt. der Verbindung beabsichtigt ist oder nach der Natur des Zwecks sicher ist.

§ 95 I 2 BGB???

IV. Einzelsache / Sachgesamtheit

Mehrere Sachen können wirtschaftlich zu einer Sachgesamtheit oder einem Sachinbegriff (vgl. § 92 II BGB) zusammengefasst sein. Dies hat rein praktische Gründe.

Das Gesetz unterscheidet zudem ausdrücklich in den §§ 91-99 BGB verschiedene Arten von Sachen:

V. Vertretbare / unvertretbare Sachen

Eine bewegliche Sache ist gem. § 91 BGB vertretbar, wenn sie sich <u>nicht</u> von anderen Sachen der gleichen Art durch <u>ausgeprägte Individualisierungsmerkmale</u> abgrenzen lässt und daher <u>austauschbar</u> ist.

Merke: Parteivereinbarungen haben – anders als bei der Gattungsschuld – keinen Einfluss auf die Vertretbarkeit.

VI. Verbrauchbare / unverbrauchbare Sachen

Verbrauchbar sind Sachen gem. § 92 I BGB, wenn ihr bestimmungsgemäßer Gebrauch im <u>Verbrauch</u> oder der <u>Veräußerung</u> besteht. Maßgeblich hierfür ist die objektive Zweckbestimmung.

Hinweis: Zu unterscheiden sind tatsächlich verbrauchbare Sachen (Nahrungsmittel, Brennstoffe ect.) von den rechtlich verbrauchbaren Sachen (Geld oder Wertpapiere).

Merke: Einzelne Sachen aus Sachgesamtheiten sind nach § 92 IIBGB den verbrauchbaren Sachen gleichgestellt.

VII. Teilbare / unteilbare Sachen

Teilbar ist eine Sache, wenn sie sich ohne Wertverlust in gleichartige Teile zerlegen lässt, § 752 S. 1 BGB.

VIII. Hauptsache / Zubehör

Gem. § 97 BGB ist Zubehör eine bewegliche Sache, die, ohne Bestandteil der Hauptsache zu sein, dem wirtschaftlichen Zweck der Hauptsache auf Dauer zu dienen bestimmt (zweckentsprechende Verwendung der Hauptsache ermöglichen oder fördern) ist (Widmung) und zu ihr in einem dieser Bestimmung entsprechenden räumlichen Verhältnis steht.

Merke: Zubehörsachen sind rechtlich selbstständige Sachen im Gegensatz zu Bestandteilen.

Beachte: Nicht ausreichend für die Charakterisierung einer Sache als Zubehör ist eine lediglich vorübergehende Benutzung für den wirtschaftlichen Zweck einer anderen.

VIV. Nutzungen

Der Begriff Nutzungen (§ 100 BGB) lässt sich in Gebrauchsvorteile und Früchte (§ 99 BGB) unterteilen.

1. Gebrauchsvorteile

Gebrauchsvorteile sind alle Vorteile, die sich aus der Ausübung der mit der Innehabung einer Sache oder eines Rechts verbundenen Rechte ergeben - also die der Gebrauch einer Sache an sich gibt.

Merke: Entscheidend ist die objektive Nutzungsmöglichkeit. Es kommt nicht darauf an, ob tatsächlich ein Gewinn oder gar ein Verlust entstanden ist.

Beachte: Eine Veräußerung zählt nicht zum Gebrauch.

2. Früchte

Der Begriff Früchte wird in § 99 BGB legaldefiniert und lässt sich in Sach- (§ 99 I BGB) und Rechtsfrüchte (§ 99 II BGB) unterteilen.

a) Sachfrüchte

Unmittelbare Sachfrüchte sind nach § 99 I BGB die <u>Erzeugnisse einer Sache</u> und die <u>sonstige Ausbeute, welche aus der Sache ihrer Bestimmung gemäß gezogen werden kann.</u>

b) Rechtsfrüchte

Unmittelbare Rechtsfrüchte sind gem. § 99 II BGB die Erträge, die ein Recht seiner Bestimmung gemäß gewährt.

Beachte: Gem. § 99 III BGB sind Früchte auch die Erträge, die eine Sache / ein Recht auf Grund eines Rechtsverhältnisses über die Sache / das Recht gewährt, das auf Erzielung des Ertrages gerichtet ist. Solche Erträge sind vor allem wiederkehrende Gegenleistungen für die Überlassung einer Sache / eines Rechts, zB zum Gebrauch auf Grund eines Mietvertrages oder zu Gebrauch und Fruchtgenuss auf Grund eines Pachtvertrages.

D. Der Besitz

Besitz meint die <u>TATSÄCHLICHE SACHHERRSCHAFT</u> über eine Sache.

A. Unterscheidung der Besitzarten

a) Nach Intensität der Sachbeziehung
aa) unmittelbarer Besitzer

Der unmittelbare Besitzer ist, <u>wer die tatsächliche Sachherrschaft unmittelbar ausübt.</u>

Merke: Ausreichend für den unmittelbaren Besitz ist bereits, wenn ein Besitzdiener gem. § 855 BGB die unmittelbare Sachherrschaft für einen anderen ausübt.

bb) mittelbarer Besitzer (vergeistigter Besitz/Besitzkonstitut)

Mittelbarer Besitzer ist dagegen, wer die <u>tatsächliche Sachherrschaft</u> nicht selbst ausübt, sondern den Besitz <u>durch den unmittelbaren Besitzer aufgrund eines zeitlich begrenzten Rechtsverhältnisses vermittelt</u> erhält (§ 868 BGB).

b) Nach dem Umfang der Sachherrschaft
Nach dem Umfang der Sachherrschaft lassen sich Allein-, Mit- und Teilbesitzer unterscheiden.

aa) Alleinbesitzer/Mitbesitzer
Mitbesitzer (§ 866 BGB) üben die tatsächliche Sachherrschaft über eine Sache – anders als der Alleinbesitzer – gemeinsam aus.

Hinweis: Können die Mitbesitzer die tatsächliche Sachherrschaft für sich genommen selbstständig ausüben, liegt schlichter Mitbesitz vor. Lässt sich die tatsächliche Sachherrschaft nur gemeinsam ausüben, liegt qualifizierter Mitbesitz vor. Dies richtet sich nach der vertraglichen Vereinbarung bzw. nach dem Gesetz.

bb) Teilbesitzer

Grds. erfasst der Besitz die ganze Sache (Vollbesitz). Jedoch kann sich die tatsächliche Sachherrschaft auch auf lediglich einen realen Teil der Sache beziehen (§ 865 BGB).

c) Nach der Willensrechtung des Besitzers

Hier lassen sich Eigen- und Fremdbesitzerwillen unterscheiden.

Eigenbesitzer ist gem. § 872 BGB, wer die Sache als ihm gehörend besitzt, d.h., wer den natürlichen Willen hat, die Sache als Eigentümer zu beherrschen.

Fremdbesitzer ist hingegen e.c. wer nicht Eigenbesitzer ist, die tatsächliche Sachherrschaft also in Anerkennung des fremden Eigentums besitzt (Mieter, Entleiher).

Beachte: Mittelbarer Besitz kommt nur in Frage, wenn der unmittelbare Besitzer Fremdbesitzerwillen hat.

Nur der Eigenbesitzer (Besitzer mit Eigenbesitzerwillen) kann nach § 937 BGB durch Ersitzung Eigentum an der Sache erwerben.

d) Nach der Berechtigung des Besitzers

Hier lassen sich der rechtmäßige und unrechtmäßige Besitzer unterscheiden.

Rechtmäßiger Besitzer ist lediglich der, dem ein Recht zum Besitz i.S.d. § 986 BGB zusteht.

e) Nach der Art der Besitzerlangung

Hier lassen sich fehlerhafter und unfehlerhafter Besitz unterscheiden.

Fehlerhaft ist der Besitz, wenn der Besitzer ihn durch verbotene Eigenmacht erlangt hat und noch im Besitz der Sache ist, § 858 I, II 1 BGB.

Gleiches gilt für den Besitzer, der den fehlerhaften Besitz aufgrund eines Erbes erlangt oder die Fehlerhaftigkeit positiv kannte, § 858 II 2 BGB.

Merke: Bedeutung hat diese Unterscheidung bei den Besitzschutzansprüchen gem. § 858 ff. BGB.

B. Erwerb und Verlust des unmittelbaren Besitzes

1. Erwerb

a) nach § 854 I BGB (unmittelbarer Besitzerwerb)

Der unmittelbare Besitz kann originär (durch einseitige Besitzergreifung) oder derivativ (durch Besitznachfolge) erworben werden.

Voraussetzungen:

> 1. Erlangung der tatsächlichen Sachherrschaft (Gewalt) über die Sache (lt. Gesetz)
>   - a. Die tatsächliche Sachherrschaft bestimmt sich nach der Verkehrsanschauung und kann als tatsächliche Machtbeziehung (Einwirkungs- bzw. Zugriffsmöglichkeit und Ausschließungsmöglichkeit) einer Person zu einer Sache beschrieben werden.
>   - b. Diese Beziehung setzt eine gewisse Dauerhaftigkeit und räumliche Beziehung voraus.

Merke: Wer Besitz erst erwerben will, muss – aus Gründen der Erkennbarkeit/Publizität - in eine engere Sachherrschaft zur Sache treten, als danach für die Fortdauer des Besitzes nötig ist.

> 2. Besitzbegründungswillen[2] (ungeschriebenes Tatbestandsmerkmal)
>   - a. Begründung: Von dem Vorliegen einer tatsächlichen Gewalt kann nur dann gesprochen werden, wenn auch ein korrespondierendes Bewusstsein hierzu vorliegt. Zudem lässt sich die Regelung des § 856 I BGB ("aufgibt") nur erklären, wenn neben der tatsächlichen Gewalt auch ein Besitzwille nötig ist.
>   - b. Ein genereller Beherrschungswille ist anzunehmen, wenn der Erwerber besondere Einrichtungen für den Empfang bestimmter Sachen bereithält (Briefkasten, Fundbüro, Sammelbüchse, Altkleidercontainer). Ein genereller Besitzwille fehlt hingegen, wenn einer Person eine Sache heimlich zugesteckt wird.

Merke: Der Besitzwille ist ein natürlicher Wille, d.h. die Vorschriften über Willenserklärungen sind nicht anwendbar.

---

[2] Wille gerichtet auf die Erlangung der tatsächlichen Sachherrschaft.

13

b) nach § 854 II BGB

§ 854 II BGB ermöglicht den Besitzerwerb auch ohne Erlangung der tatsächlichen Sachherrschaft, die bloße Möglichkeit hierzu ist ausreichend.

Merke: Dies führt bspw. dazu, dass bei einer Übereignung nach § 929 S.1. BGB keine Übergabe mehr erforderlich ist um das Eigentum zu übertragen (Vereinfachung des Rechtsverkehrs).

Voraussetzungen:

1. Veräußerer ist Besitzer
2. Einigung über Besitzübergang
a. Hierbei handelt es sich um eine rechtsgeschäftliche Einigung, d.h. es finden die Vorschriften des AT Anwendung.
b. Zudem ist diese Einigung (dinglich) abstrakt. D.h. Mängel des Kausalgeschäfts berühren die Wirksamkeit der Einigung nicht.

3. Möglichkeit der Herrschaftsausübung beim Erwerber
a. Hierfür muss ein sog. offener Besitz vorliegen, d.h. der Erwerber muss ohne weitere Gestattungshandlung des früheren Besitzers oder eines Dritten, die tatsächliche Gewalt ausüben können.

2. Beendigung/Verlust

a) nach § 856 BGB

Nach § 856 I BGB wird der Besitz beendet, indem der Besitzer die tatsächliche Sachherrschaft aufgibt (Besitzaufgabe) oder verliert (Besitzverlust).

aa) Besitzaufgabe

Die Besitzaufgabe setzt eine äußerlich erkennbare Aufgabehandlung und einen Besitzaufgabewillen voraus.

(1) Die Aufgabehandlung kann in der Besitzübertragung auf einen Dritten[3] oder in einer einseitigen Beendigung[4] liegen.

(2) Der Besitzaufgabewillen ist wie auch der Besitzbegründungswillen ein rein natürlicher Wille, also unabhängig von der Geschäftsfähigkeit möglich.

---

[3] Der Dritte erwirbt den Besitz derivativ.
[4] Damit wird die Sache besitzlos und ein Dritter kann den Besitz originär erwerben. ACHTUNG: Die Sache wird nicht herrenlos. Das Eigentum bleibt bestehen. Die Eigentumsaufgabe ist in § 959 BGB geregelt.

14

bb) Besitzverlust

Der unfreiwillige Besitzverlust in anderer Weise bedeutet die Beendigung der Sachherrschaft unabhängig vom Willen des Besitzers.

Hinweis: Bei unfreiwilligem Besitzverlust ist die Sache i.S.d. § 935 I BGB abhandengekommen.

1. unbewusster Besitzverlust (Verlieren, Vergessen), jedoch nur, <u>wenn eine Wiedererlangung kaum möglich erscheint.</u>

Merke: Der <u>vorübergehende Verhinderung</u> der Ausübung der tatsächlichen Sachherrschaft <u>führt gem. § 856 II BGB nicht zum Besitzverlust</u>. Vorübergehend ist die Verhinderung, wenn sie Sicherheit grenzender Wahrscheinlichkeit wieder aufgehoben wird.

Gibt ein Besitzer seinen Besitz aufgrund einer Drohung, Zwangs oder Irrtums auf, ist umstritten, ob dieser Besitzaufgabewille anfechtbar ist. H.M.: (-), da kein Rechtsgeschäft. Allerdings liegt unproblematisch ein unfreiwilliger Besitzverlust vor.

C. Mittelbarer Besitz

I. Vorliegen des mittelbaren Besitzes

Mittelbarer Besitzer ist derjenige, der die <u>tatsächliche Sachherrschaft</u> <u>durch einen anderen (Besitzmittler) ausüben lässt (vergeistigte Sachherrschaft).</u>

Hinweis: Der mittelbare Besitz ist ein ebenso schutzwürdiger und vollwertiger Besitz.

Nach § 871 BGB ist auch ein mehrstufiger mittelbarer Besitz möglich. Wobei derjenige der mit dem jetzigen tatsächlichen Besitzer die Vereinbarung getroffen hat, der mittelbare Besitzer erster Stufe gem. § 868 BGB ist, die nachrangigen mittelbaren Besitzer sind durch § 871 BGB konstituiert.

Merke: Bei § 858 BGB ist (aufgrund von § 869 BGB) lediglich der tatsächliche Besitzer angesprochen. Ebenso ist § 935 I 1 BGB aufgrund von § 935 I 2 BGB auf Besitzer abzustellen.

Voraussetzungen des mittelbaren Besitzes:

1. <u>Unmittelbarer Fremdbesitz des Besitzmittlers</u>

a) Der unmittelbare Besitzer muss <u>Fremdbesitzerwillen</u> haben.

Beachte: Gibt sich der Besitzmittler jedoch erkennbar als Eigenbesitzer, endet der mittelbare Besitz. Daher liegt die Besitzposition des mittelbaren Besitzes allein in der Hand des Besitzmittlers.

2. <u>Besitzmittlungsverhältnis</u> (BMV) bzw. Besitzkonstitut i.S.d. <u>§ 868 BGB</u>

---

a) Es muss ein <u>Rechtsverhältnis i.S.d. § 868 BGB</u> vorliegen. Dabei muss das <u>Rechtsverhältnis auf Zeit[5] einen anderen zum Besitz berechtigen bzw. verpflichten.</u>

b) Auf die Wirksamkeit des Rechtsverhältnisses kommt es nicht an. Der Besitzmittler muss sein Besitzrecht lediglich vom mittelbaren Besitzer ableiten.

3. <u>Herausgabeanspruch</u> des mittelbaren Besitzers gegen den Besitzmittler

a) Dem mittelbaren Besitzer muss ein Herausgabeanspruch ggü. dem Besitzmittler zustehen. Hier <u>genügt</u> jedoch bereits ein <u>bedingter, betagter oder von der Ausübung eines Gestaltungsrechts abhängiger Herausgabeanspruch.</u>

II. Erwerb des mittelbaren Besitzes

Der Erwerb des mittelbaren Besitzes kann originär (durch erstmaliges Entstehen)[6] oder derivativ (durch Übertragung des bestehenden mittelbaren Besitzes)[7] entstehen.

III. Verlust des mittelbaren Besitzes

Der mittelbare Besitz endet

- bei Abtretung des Herausgabeanspruchs durch den ursprünglichen mittelbaren Besitzer.
- wenn das Besitzkonstitut aufgehoben wird
- wenn der Herausgabeanspruch entfällt
- wenn der Besitzmittler den unmittelbaren Besitz verliert oder aufgibt
- oder der Besitzmittler seinen Besitzmittlungswillen erkennbar aufgibt und sich zum Eigenbesitzer aufschwingt oder für einen neuen Oberbesitzer besitzt.

D. Sonderformen des Besitzerwerbs

I. Der Besitzdiener

<u>Der Besitzdiener übt gem. § 855 BGB die tatsächliche Sachherrschaft über eine Sache für einen anderen aus (Besitzherrn).</u>

Beachte: Der <u>Besitzherr bleibt</u> jedoch <u>alleiniger Besitzer</u>. D.h. die Besitzansprüche stehen allein dem Besitzherrn zu. Einzige <u>Ausnahme hiervon bildet die Selbsthilfe gem. § 859 BGB, deren Ausübung nach § 860 BGB ausdrücklich auch dem Besitzdiener zusteht.</u>

---

[5] Unbefristet heißt auf unbestimmte Zeit, ist jedoch immernoch zeitlich.
[6] Fälle: Unmittelbarer Besitzer wird aufgrund eines BMV mittelbarer Besitzer (Vermietung); Unmittelbarer Besitzer verschafft einem Dritten aufgrund eines BMV mittelbaren Besitz (Sicherungsübereignung)
[7] Fall: Durch Abtretung des Herausgabeanspruchs gem. § 870 BGB

Voraussetzungen:

1. Soziales Weisungs-/Abhängigkeitsverhältnis

a) Kann öffentlich- oder privatrechtlich sein.

b) Eine bloß wirtschaftliche Abhängigkeit ist nicht ausreichend

c) Das Rechtsverhältnis, welches die Weisungsgebundenheit begründet muss nicht wirksam sein, jedoch eine Gehorsamspflicht begründen.

2. Ausübung der tatsächlichen Sachherrschaft im Rahmen dieses Verhältnisses

a) Sofern der Besitzdiener die tatsächliche Sachherrschaft nur innerhalb des ihm übertragenen Aufgabenbereichs ausübt, bleibt der Besitzherr Besitzer, selbst wenn der Besitzdiener einen entgegenstehenden Willen hat (Der Besitzdienerwillen wird vermutet). Es kommt allein auf die Erkennbarkeit an.

3. Erkennbarkeit des Unterordnungsverhältnisses (h.M)

a) Das soziale Abhängigkeitsverhältnis muss für einen mit den Verhältnissen nicht betrauten Dritten erkennbar sein.

Merke: Durch das Rechtsinstitut des Besitzdieners kann der Besitzherr ohne die tatsächliche Sachherrschaft inne zu haben unmittelbarer Besitzer i.S.d. § 854 BGB werden, sofern (stellvertretend) die Voraussetzungen beim Besitzdiener vorliegen. Dies ist dann relevant, wenn ein rechtsgeschäftlicher Vertreter gem. § 929 S. 1 BGB unmittelbar Eigentum erwerben will. Dieser muss dann Besitzdiener sein.

Geht es lediglich um die stellvertretende Besitzübertragung ist dies gem. § 854 II BGB auch ohne einen Besitzdiener unter den normalen Voraussetzungen der Stellvertretung möglich.

II. Erbenbesitz gem. § 857 BGB

Nach § 1922 BGB tritt der Erbe im Rahmen der Gesamtrechtnachfolge in die Rechtsstellung des Erblassers ein. Ergänzt wird § 1922 BGB (welcher nicht den Besitz erfasst) durch § 857 BGB. Damit erhält der Erbe genau die Besitzstellung, die auch der Erblasser inne hatte (fehlerhaft; bösgläubig, unmittelbar, mittelbar ect.), unabhängig davon ob der Erbe die tatsächliche Sachherrschaft ausübt, bzw. überhaupt vom Erbfall weiß.

Merke: Ein Besitzbegründungswille beim Erbe ist somit nicht erforderlich!

Hinweis: Zu unterscheiden ist der Erbenbesitz (§ 857 BGB) von sog. Erbschaftsbesitzer nach § 2018 BGB. Der Erbschaftsbesitzer ergreift die tatsächliche Sachherrschaft gem. § 854 I BGB und begeht gegenüber den Erben verbotene Eigenmacht (§ 858 BGB).

III. Besitz von juristischen Personen / Gesamthandsgemeinschaften

1. Juristische Personen

Juristische Personen (e.V., GmbH, AG, e.G., KGaA) sind rechtlich den natürlichen Personen gleichgestellt. Sie handeln durch ihre Organe.

Der Besitz der Organe wird der juristischen Person unmittelbar zugerechnet, jedoch durch die Organe ausgeübt (sog. Organbesitz).

2. OHG/KG/GbR

Nach h.M. haben OHG und KG wegen § 124 HGB selbst Besitz, der durch die geschäftsführenden Gesellschafter ausgeübt wird. Gleiches gilt für die GbR.

3. Gesamthandsgemeinschaften

Gesamthandsgemeinschaften (bspw. die Erbengemeinschaft) haben als solche keinen Besitz. Besitzer sind die einzelnen Gesellschafter als (qualifizierte) Mitbesitzer gem. § 866 BGB.

E. Der Besitzschutz

I. Die Gewaltrechte, § 859 BGB (als unmittelbarer Besitzschutz)

Der Besitzer darf sich gem. § 859 BGB gegenüber verbotener Eigenmacht mit Gewalt wehren. Dabei ist zwischen Besitzwehr (Abs. 1) und Besitzkehr (Abs. 2, 3) zu unterscheiden.

Voraussetzung ist jedoch in beiden Fällen, dass der Eingriff in den Besitz mittels verbotener Eigenmacht (§ 858 BGB) erfolgt.

Exkurs: **Verbotene Eigenmacht**

Verbotene Eigenmacht kann gem. § 858 I BGB in einer Besitzentziehung oder – störung liegen, wobei dies ohne den Willen des Besitzers[8] und ohne Gestattung durch das Gesetz erfolgen muss.

Ausnahme: Besitzer setzt bspw. durch einen Verkäufer (Besitzdiener) einen Rechtsschein, mit Willen zu handeln. Dann wird der Wille des Besitzers aus Gründen der Rechtsklarheit bejaht.

Beachte: Besitz i.S.d. § 858 I BGB ist nur der unmittelbare Besitz.

Voraussetzungen:

1. Besitzentziehung & -störung

Besitzentziehung ist der vollständige und nicht nur vorübergehende Ausschluss von der Ausübung der tatsächlichen Gewalt. Alle anderen Fälle der Besitzbeeinträchtigung sind Besitzstörungen.

2. Widerrechtlichkeit/Verbotenheit

Die Widerrechtlichkeit entfällt, wenn der Eingriff mit Willen des Eigentümers oder durch Gesetz gestattet ist, wobei ein bloßer schuldrechtlicher oder dinglicher Anspruch nicht ausreicht.[9] Vielmehr muss geprüft werden, ob ein Gesetz im konkreten Fall eigenmächtiges Handeln (Selbstjustiz) gestattet.

Beachte: Als Eingriffs- bzw. Rechtfertigungsrechte i.S.d. § 858 I BGB kommen somit nur amtliche auf Gesetz begründete Akte (des Gerichts, Gerichtsvollziehers (§§ 758, 808 ZPO; § 150 ZVG) sowie Notwehr- und Selbsthilfebefugnisse nach §§ 227, 229, 859, 904 BGB in Betracht.

---

[8] Nicht notwendig ist, dass die verbotene Eigenmacht gegen den Willen des Besitzers ausgeübt wird.
[9] Bei Vorliegen lediglich dieser Voraussetzungen muss auf die staatlichen Zwangsmittel zurückgegriffen werden (Klage, Zwangsvollstreckung, Gerichtsvollzieher ect.)

Hinweis: Gem. § 858 II 1 BGB wird der durch verbotene Eigenmacht erlangte Besitz als fehlerhaft bezeichnet. Diese Fehlerhaftigkeit setzt sich in der Person des Rechtsnachfolgers durch.

a) Besitzwehr, § 859 I BGB

Recht, den bestehenden Besitz zu verteidigen.

Hinweis: Anders als die Selbsthilferechte (§§ 227, 229 BGB) können die Gewaltenrechte des § 859 BGB auch ausgeübt werden, wenn obrige/staatliche Hilfe rechtzeitig erlangt werden könnte.

Voraussetzungen:

1. Besitzstörung oder Besitzentziehung(-sversuch) durch verbotene Eigenmacht

2. Nichtüberschreitung der erforderlichen Gewaltanwendung

-> Eine Überschreitung ist nach der objektiven Sachlage zu beurteilen. Die Gewaltanwendung muss notwendig, geboten und angemessen sein (schonendste Sanktion).

---

b) Besitzkehr, § 859 II, III BGB

§ 859 II BGB gibt dem Besitzer das Recht, dem eigenmächtig Handelnden die bewegliche Sache wieder abzunehmen, sofern dieser auf frischer Tat betroffen oder verfolgt wird (Abs. 2). Entsprechendes gilt gem. Abs. 3 für Grundstücke.

Merke: Die Besitzkehr ist erst anzuwenden, wenn die Besitzentziehung vollendet ist. Die Besitzwehr dient hingegen der Verteidigung einer noch nicht vollendeten Entziehung.

Voraussetzungen der Besitzkehr gem. § 859 II BGB:

1. Bewegliche Sache

2. Besitzentziehung durch verbotene Eigenmacht

3. Auf frischer Tat betroffen oder nach der Tat verfolgt

4. Nichtüberschreiten des Rechts zur Besitzkehr

Voraussetzungen der Besitzkehr gem. § 859 III BGB

1. Unbewegliche Sache

2. Besitzentziehung durch verbotene Eigenmacht

3. Sofortige Wiederbeschaffung des Besitzes

---

a) Engere zeitliche Begrenzung als bei Abs. 2.

b) Sofort bedeutet hier nicht "ohne schuldhaftes Zögern", sondern die Besitzkehr hat nach obj. Maßstab ohne Rücksicht auf subj. Kenntnis von der Entziehung so schnell zu erfolgen wie möglich.

4. Nichtüberschreiten des Rechtes zur Besitzkehr

Hinweis: Die Besitzkehr muss unmittelbar bei oder zumindest alsbald nach der Tat erfolgen (Nacheile). Überschreitet der Besitzer sein Besitzkehrrecht, begeht er seinerseits verbotene Eigenmacht, es sei denn es liegen die Voraussetzungen des § 229 BGB vor.[10]

§ 859 IV BGB erweitert die Gewaltrechte insofern, als dass diese Rechte auch gegen etwaige Besitznachfolger (§ 858 II BGB) angewandt werden dürfen.

Bspw. kann so auch Besitzkehr gegenüber dem angewandt werden, dem die Sache bei der Flucht zugesteckt wird.

Merke: Die Gewaltenrechte stehen in erster Linie dem unmittelbaren Besitzer zu. Gem. § 860 BGB stehen diese Rechte dem Besitzdiener zwar nicht zu, er darf sie jedoch für den Besitzherrn geltend machen. Nach h.M. stehen auch dem mittelbaren Besitzer die Gewaltrechte zu, damit ein lückenloser Besitzschutz gewährleistet werden kann.[11] Ebenfalls dem Teil-,[12] Mit-[13] und Erbenbesitzer (§ 857 BGB) stehen diese Gewaltrechte zu.

II. Die possessorischen[14] Besitzschutzansprüche, §§ 861, 862, 867 BGB

Die §§ 861, 862 BGB geben dem im Besitz Beeinträchtigten bei verbotener Eigenmacht einen sog. possessorischen Besitzschutzanspruch.

Beachte: Für die possessorischen Ansprüche ist ein Recht zum Besitz oder ein besseres Recht zum Besitz unbeachtlich, § 863 BGB. Derartige Einwendungen sind daher unzulässig. Geschützt wird hier lediglich der Besitz als solches. Allein entscheidend ist ob der Besitz durch verbotene Eigenmacht erlangt hat.

Hinweis: Hierbei handelt es sich um echte Ansprüche. Die Gewaltenrechte stellen hingegen eher eine Art Rechtfertigungsgründe dar.

---

[10] Achtung: Nicht bei Überschreitung der Besitzwehr, da der eigenmächtig Handelnde zu diesem Zeitpunkt (noch) kein Besitzer ist.

[11] Wenig praxisrelevant, da der mittelbare Besitzer zum Zeitpunkt der Besitzstörung regelmäßig nicht anwesend sein wird.

[12] Gem. § 865 BGB.

[13] Mit der Einschränkung des § 866 BGB

[14] Besitzerischen.

1. Herausgabeanspruch gem. § 861 I BGB

§ 861 I 1 BGB gewährt dem beeinträchtigten Besitzer einen Herausgabeanspruch gegenüber demjenigen, der den Besitz an der Sache mittels verbotener Eigenmacht entzogen hat.

Voraussetzungen:

1. Anspruchsteller <u>war</u> (ursprünglicher) Besitzer
2. <u>Besitzentziehung durch verbotene Eigenmacht, § 858 I BGB</u>
3. Anspruchsgegner ist fehlerhafter Besitzer, § 858 II BGB
4. <u>Kein Ausschluss nach § 861 II BGB</u>

a) Der Anspruch aus <u>§ 861 I BGB</u> ist ausgeschlossen, wenn der <u>Besitz des vermeintlichen Anspruchsinhabers oder dessen Rechtsvorgängers zum Zeitpunkt der verbotenen Eigenmacht bereits fehlerhaft</u> war.

b) Kumulativ („und") darf die <u>bereits bestehende Fehlerhaftigkeit des entzogenen Besitzes nicht länger als ein Jahr zurückliegen</u>. D.h. <u>sobald der Anspruchsinhaber die Sache mehr als ein Jahr fehlerhaft besessen hat, kann er sich auf den Besitzschutz nach § 861 BGB berufen</u>.

5. <u>Kein Erlöschen nach § 864 BGB</u>

a) Der Anspruch erlischt <u>mit dem Ablauf eines Jahres nach der Verübung der verbotenen Eigenmacht, wenn nicht vorher der Anspruch im Wege der Klage</u> geltend gemacht wird.

b) Der Anspruch erlischt auch, wenn <u>nach der Verübung der verbotenen Eigenmacht durch Urteil festgestellt wird, dass dem Täter ein Recht an der Sache zusteht,</u> vermöge dessen er die Herstellung eines seiner Handlungsweise entsprechenden Besitzstands verlangen kann. (Ausnahme zu § 863 BGB)

Merke: Es handelt sich um eine Ausschlussfrist von Amts wegen.

2. Beseitigungsanspruch gem. § 862 BGB

§ 862 BGB gibt dem Besitzer einen <u>Anspruch auf Beseitigung der Besitzstörung</u> (Störung ist gegenwärtig). Zudem gewährt <u>§ 862 I 2 BGB</u> dem beeinträchtigten Besitzer <u>bei Wiederholungsgefahr der Störung einen Unterlassungsanspruch</u> (Störung ist Vergangenheit).

Voraussetzungen:

1. Anspruchsteller ist Besitzer
2. <u>Besitzstörung</u> durch verbotene Eigenmacht, § 858 I BGB / Wiederholungsgefahr der Störung
3. Anspruchsgegner ist Störer
4. Kein Ausschluss nach <u>§ 862 II BGB</u>
         -> Wie § 861 II BGB.
5. Kein Erlöschen nach § 864 BGB
         -> Siehe oben

Beachte: Gem. § 869 S. 1 BGB stehen die Ansprüche aus §§ 861, 862 BGB ebenfalls dem mittelbaren Besitzer zu, wobei sich die Willenlosigkeit bei der verbotenen Eigenmacht auf den unmittelbaren Besitzer beziehen muss. Der mittelbare Besitzer kann gem. § 869 S. 2 BGB die Herausgabe des Besitzes grds. nur an den unmittelbaren Besitzer verlangen, es sei denn der unmittelbare Besitzer kann oder will den Besitz nicht wieder übernehmen.

Hinweis: § 863 BGB schließt petitorische Einwendungen gegenüber possessorischen Ansprüchen aus und stärkt mit dieser Regelung den Besitzschutz als solchen.

3. § 867 BGB

III. Die petitorischen Ansprüche, § 1007 BGB

§ 1007 BGB enthält in seinen beiden Absätzen zwei selbstständige Ansprüche, die dem ursprünglichen Besitzer zustehen und auch nebeneinander stehen können.

§ 1007 I, II BGB gewähren jeweils dem früheren Besitzer einer beweglichen Sache, der seinen Besitz unfreiwillig eingebüßt hat, unter gewissen Voraussetzungen einen Anspruch auf Herausgabe gegen den jetzigen Besitzer.

Beachte: Die Ansprüche aus § 1007 BGB beziehen sich nur auf bewegliche Sachen.

1. Herausgabeanspruch gem. § 1007 I BGB

Voraussetzungen:

1. Bewegliche Sache
2. Anspruchsteller ist ursprünglicher Besitzer
3. Anspruchsgegner ist gegenwärtiger Besitzer
4. Bösgläubigkeit des Anspruchgegners i.S.d. § 932 II BGB beim Besitzerwerb (bezogen auf sein Recht zum Besitz)
5. Kein Ausschluss gem. § 1007 III 1, 2 BGB

    -> Ursprünglicher Besitzer war selber bösgläubig, als er Besitz erwarb

    -> freiwillige Besitzaufgabe

    -> gegenwärtiges Recht zum Besitz des Anspruchsgegners, § 1007 III 2 BGB i.V.m. § 986 BGB

2. Herausgabeanspruch gem. § 1007 II BGB

Voraussetzungen:

1. Bewegliche Sache
2. Anspruchsteller ist ursprünglicher Besitzer
3. Anspruchsgegner ist gegenwärtiger Besitzer
4. Abhandenkommen bei Anspruchsteller
5. Kein Ausschluss

   -> Ursprünglicher Besitzer war selbst bösgläubig, als er Besitz erwarb, § 1007 III 1 BGB.

   -> gegenwärtiges Besitzrecht des Anspruchsgegners, § 1007 III 2 BGB i.V.m. § 986 BGB

   -> Sache ist dem Anspruchsgegner abhandengekommen, § 1007 II 1 BGB.

   -> Keine Anwendung auf Geld oder Inhaberpapiere, § 1007 II 2 BGB

IV. Der Besitzschutz über § 823 BGB

Merke: § 823 BGB muss nicht zwangsläufig auf einen SE-Anspruch gerichtet sein, sondern kann aufgrund von Naturalrestitution auch zu einem Herausgabeanspruch führen.

1. Besitzschutz über § 823 I BGB

Problem: **Besitz als "sonstiges Recht" i.S.d. § 823 I BGB?**

Fraglich ist, ob der Besitz unter der Voraussetzung "Rechtsgutverletzung" als sonstiges Recht subsumiert werden kann. Dies ist streitig:

e.A.: Der Besitz ist generell als sonstiges Recht i.S.d. § 823 I BGB zu sehen.

h.M.: Jedenfalls der berechtigte Besitz stellt ein sonstiges Recht i.S.d. § 823 I BGB dar.

Grund: Sonstige Rechte sind nur solche Rechte, die einen absoluten Schutz (Abwehr- und Nutzungsrechte) beinhalten. Nur so ist eine eigentümerähnliche Position gegeben. Der bloße Besitz als solcher berechtigt gem. §§ 861 ff. BGB nur zum Ausschluss, ein Nutzungs- oder Gebrauchsrecht des unrechtmäßigen Besitzers ist jedoch nicht normiert.

Zudem ist eine Schadensberechnung grds. nur bei einer Nutzungsberechtigung möglich.

Beachte: Hier kann es zu Konkurrenzproblemen zwischen Eigentümer und Besitzer kommen, wenn beiden ein Anspruch ggü. einem Dritten zustehen würde. Dann ist an § 432 BGB zu denken. Wobei bestimmte Schadensarten nur jeweils einer Partei zustehen (Substanzschaden->Eigentümer; Nutzungsschaden->Besitzer).

2. Besitzschutz über § 823 II BGB

Hierfür müsste ein (den Besitz schützendes) Schutzgesetz[15] vorliegen. In Betracht kommt hier lediglich § 858 BGB (verbotene Eigenmacht).

Hinweis: Bestimmungen des StGB scheiden aus, da diese regelmäßig nur den Eigentümer und nicht den Besitzer schützen.

V. Der Besitzschutz über § 812 BGB

Die Leistungskondiktion (§ 812 I 1 Alt. 1 BGB) ist uneingeschränkt anwendbar. Erlangt wird dann der Besitz.

Umstritten ist, ob auch im Wege der Eingriffskondiktion (§ 812 I 1 Alt. 2 BGB) der Besitz kondiziert werden kann.

h.M.: (-) Der Gesetzgeber hat in den §§ 861 ff, 1007 BGB eine abschließende Regelung des Besitzschutzes bei Eingriffen in den Besitz getroffen, sodass die Eingriffskondiktion hier nicht zur Anwendung kommen soll.

---

[15] Gesetz, dass zumindest auch den Schutz des Einzelnen bzw. einer einzelnen Personengruppe bezweckt.

E. Eigentümer-Besitzer-Verhältnis (EBV)

Die §§ 985 – 1003 BGB regeln das Verhältnis zwischen Eigentümer und Besitzer.

Wird das Eigentum durch Entziehung oder Vorenthaltung des Besitzes gestört, kann der Eigentümer nach § 985 BGB Herausgabe des Besitzes verlangen, es sei denn der Besitzer hat gem. § 986 BGB ein Recht zum Besitz.

Dieser Herausgabeanspruch wird durch die schuldrechtlichen Hilfsansprüche der §§ 987 – 1003 BGB ergänzt.

Der Hauptregelungszweck des EBV besteht lt. h.M. in der <u>Privilegierung / dem Schutz des redlichen und unverklagten Besitzers, § 993 I a. E. BGB.</u>

Beachte: <u>Grundvoraussetzung des EBV ist der Herausgabeanspruch aus § 985 BGB. Besteht ein solcher nicht, können auch keine Ansprüche aus §§ 987 ff. BGB bestehen. Nur sofern zum Zeitpunkt der jeweiligen Verletzungshandlung (Schadenszufügung, Nutzungsziehung, Vornahme der Verwendung) eine Vindikationslage bestand[16], können Ansprüche aus den §§ 987 ff. BGB in Betracht kommen.</u>

Es kommt also maßgeblich auf den Zeitpunkt der Verletzungshandlung an. Zu dieser Zeit, darf der Besitzer kein Recht zum Besitz gehabt haben.

I. Der Herausgabeanspruch gem. § 985 BGB

Gem. § 985 BGB kann der Eigentümer vom Besitzer die <u>Herausgabe einer beweglichen oder unbeweglichen Sache</u> verlangen, sofern dieser <u>kein Besitzrecht (§ 986 BGB)</u> inne hat.

Voraussetzungen:

1. Anspruchsberechtigter ist (Mit-)Eigentümer

a) Eigentum erworben und nicht wieder verloren

aa) kraft Rechtsgeschäft

- Eigentumserwerb an beweglichen Sachen, § 929 ff. BGB
- Gutgläubiger Eigentumserwerb an beweglichen Sachen §§ 929, 932 ff. BGB
- Eigentumserwerb an unbeweglichen Sachen, §§ 873, 925 BGB
- Gutgläubiger Eigentumserwerb an unbeweglichen Sachen, §§ 873, 925, 892 BGB

---

[16] D.h. nur sofern der Anspruch aus § 985 BGB durchgeht, kann weiter nach SE usw. gem. § 987 ff. BGB gefragt werden, wobei eine Geltendmachung des Anspruchs nicht erforderlich ist, es reicht, wenn die Voraussetzungen des EBV vorliegen.

bb) kraft Gesetz

- Gesetzlicher Eigentumserwerb (Verbindung, Vermischung, Verarbeitung)
- Gesetzlicher Eigentumserwerb (Trennung, Aneignung, Fund)
- Eigentumserwerb kraft Hoheitsakt (Zuschlag, Zuweisung, Ablieferung)
- Erbfall, § 1922 BGB
- Eingehung einer Gütergemeinschaft, § 1416 I 1 BGB

Hinweis: Ist die Eigentümerstellung unklar hilft bei beweglichen Sachen die Eigentumsvermutung des § 1006 I BGB (Besitz) und bei unbeweglichen Sachen die des § 891 BGB (Grundbucheintragung). Diese Vermutung des § 1006 I BGB hilft in erster Linie dem Anspruchsgegner, da dieser gegenwärtiger Besitzer ist.

§ 1006 II BGB hingegen vermutet, dass der ursprüngliche Besitzer mit Besitzerwerb Eigenbesitz begründet hat und somit Eigentum an der beweglichen Sache erworben hat. Zudem wird vermutet das diese Eigentümerstellung während der gesamten Besitzzeit fortbestanden hat und auch über den Verlust hinaus bestand, es sei denn dem gegenwärtigen Besitzer kommt die Vermutung des § 1006 I BGB zu Gute oder einem früheren Besitzer kommt die Vermutung des § 1006 II BGB zu Gute.

Beachte: Auch ein Dritter kann den Herausgabeanspruch als Nichtberechtigter gem. § 185 BGB geltend machen, sofern er die Zustimmung des Eigentümers hat. Ebenso kann dem Anwartschaftsberechtigten der Anspruch aus § 985 BGB zustehen.

2. Anspruchsgegner ist (unmittelbarer oder mittelbarer) Besitzer

Hinweis: Lediglich der Besitzdiener kommt nicht als Besitzer in Frage.

3. Besitzer hat kein Recht zum Besitz, § 986 BGB

Nach h.M. ist das Recht zum Besitz eine Einwendung.[17]

§ 986 I BGB unterscheidet zwischen dem eigenen Besitzrecht und dem von einem Dritten abgeleiteten Besitzrecht.

a) Eigenes Besitzrecht, § 986 I 1 Alt. 1 BGB

Das Besitzrecht muss ggü. dem Eigentümer bestehen.

aa) Eigenes Besitzrecht aufgrund dinglicher Rechte

Dingliche Rechte stellen eigene Besitzrechte dar. So bspw. das Pfandrecht (§ 1204 ff. BGB), Nießbrauchsberechtigung und das Anwartschaftsrecht.[18]

---

[17] Eine Einwendung wird im Gegensatz zur Einrede von Amts wegen vom Gericht geprüft. Sie muss daher nicht geltend gemacht werden.
[18] Wird das Anwartschaftsrecht an einen Dritten übertragen, so steht dem Dritten nach h.M. kein Besitzrecht zu.

bb) Eigenes Besitzrecht aufgrund schuldrechtlicher Rechtsbeziehung

Anders verhält es sich hingegen mit schuldrechtlichen Rechtsbeziehungen (Miete (§§ 535 ff. BGB), Leihe (§§ 598 ff. BGB), Kauf (§§ 433 ff. BGB)). Diese wirken nur relativ (nicht absolut wie bspw. Eigentum), d.h. nur zwischen den jew. Vertragspartnern.

Folglich ist darauf zu achten, dass das sich aus dem schuldrechtlichem Vertrag ergebende Recht des Besitzers gerade ggü. dem Eigentümer besteht, d.h. der andere Vertragspartner muss Eigentümer sein.

Hinweis: Nach einhelliger Meinung besteht – sofern das Schuldverhältnis endet – ein Anspruch aus § 985 BGB neben dem vertraglichen Herausgabeanspruch.

cc) Eigenes Besitzrecht aufgrund gesetzlicher Vorschriften

➔ Besitzrecht des Insolvenzverwalters (§§ 80, 148 InsO)
➔ Besitzrecht der Eltern am Kindesvermögen (§ 1626 BGB)
➔ Besitzrecht aus berechtigter GoA

dd) Eigenes Besitzrecht aufgrund eines Zurückbehaltungsrecht gem. §§ 273, 1000 BGB

Nach h.M. gewähren die Zurückbehaltungsrechte kein Besitzrecht, sondern ein selbstständiges Gegenrecht, das den Herausgabeanspruch aus § 985 BGB nicht hindert, aber dessen Vollstreckung einschränkt (Zug-um-Zug-Verurteilung).

b) Abgeleitetes Besitzrecht gem. § 986 I 1 Alt. 2 BGB

Ein Besitzrecht kann sich auch aus einem Rechtsverhältnis zwischen dem Eigentümer und einem Dritten ergeben, von dem der jetzige Besitzer sein Besitzrecht ableitet. (Fallgruppe mittelbarer Besitzer (erster Stufe) ist nicht Eigentümer.)

Voraussetzungen:

1. Besitzmittlungsverhältnis zwischen dem Eigentümer und dem Dritten (jetzt mittelbaren Besitzer).

2. Besitzmittlungsverhältnis zwischen dem Dritten und dem (unmittelbaren) Besitzer.

3. Befugnis des Dritten (jetzt mittelbaren Besitzers) zur Weitergabe des Besitzes, vgl. § 986 I 2 BGB. (Ob eine derartige Befugnis vorliegt, muss bei Unklarheit durch Auslegung des BMV zwischen Eigentümer und Drittem entschieden werden.)

Merke: Besteht kein abgeleitetes Besitzrecht, kann der Eigentümer gem. § 986 I 2 BGB nur Herausgabe an den Dritten fordern, es sei denn dieser kann oder will die Sache nicht an sich nehmen. Der Eigentümer kann zudem Herausgabe an sich verlangen, wenn das BMV zwischen sich und dem Dritten unwirksam ist.

c) Sonderregelung des § 986 II BGB

Sofern der mittelbare Besitzer das Eigentum an der Sache an einen Dritten gem. §§ 929 S. 1, 931 BGB (Abtretung des "Herausgabeanspruchs ggü. dem Besitzmittler" an den Erwerber) übereignet hat, steht dem Besitzmittler grds. kein Recht ggü. dem Dritten (neuen Eigentümer) zu. Diese Unbilligkeit bereinigt § 986 II BGB, indem er regelt, dass die Einwendungen des Besitzmittlers, welche ihm ggü. dem ursprünglichen Eigentümer zustanden auch ggü. dem neuen Eigentümer wirken.

Merke: Bei Veräußerung gem. §§ 929, 930 BGB nach h.M. § 986 II BGB analog.

Rechtsfolge:

Der Herausgabeanspruch zielt grds. auf Verschaffung des unmittelbaren Besitzes ab. Bei Miteigentümern auf Verschaffung des Mitbesitzes, bzw. Herausgabe an alle Miteigentümer.

Ist der Anspruchsgegner mittelbarer Besitzer richtet sich der Anspruch auf Herausgabe des mittelbaren Besitzes mittels Abtretung des "Herausgabeanspruchs gegenüber dem unmittelbaren Besitzers" aus dem BMV gem. § 870 BGB.

Ob ein Anspruch gegen den mittelbaren Besitzer auch auf Herausgabe des unmittelbaren Besitzes gerichtet sein kann ist streitig: h.M. (+), sofern unmittelbarer Besitzer dem mittelbaren Besitzer die Sache übergeben hat. a.A. (-)

Problem: **Herausgabe von Geld**

Ein Herausgabeanspruch von Geld ist nur solange denkbar, wie das Geld beim gegenwärtigen Besitzer individualisierbar vorhanden ist. Ansonsten wird der Besitzer regelmäßig Alleineigentümer gem. §§ 948 II, 947 II BGB geworden sein. Dann kommt nur noch ein Anspruch aus §§ 989, 990 BGB oder § 951 i.V.m. §§ 812, 818 II BGB in Betracht.

Eine Mindermeinung hält hingegen eine Geldwertvindikation für möglich, wonach nur der verkörperte Wert der Gegenstände herauszugeben sei.

Konkurrenzen:

§ 985 BGB steht zu den §§ 861, 1007 BGB in echter Anspruchskonkurrenz, sodass ein Herausgabeverlangen auf alle 3 Ansprüche gestützt werden kann. Auch vertragliche Herausgabeansprüche stehen nach einhelliger Auffassung in echter Konkurrenz zu § 985 BGB.

Verjährung:

Das Eigentum als absolutes Recht verjährt nicht. Der Anspruch aus § 985 BGB verjährt hingegen nach 30 Jahren gem. §§ 197 I Nr. 1 Alt. 1, 214 BGB.

Ausnahme: Aufgrund von § 902 BGB unterliegt der Herausgabeanspruch des § 985 I 1 BGB bei Grundstücken keiner Verjährung.

Beachte: Ein Eigentumsverlust an den Besitzer tritt jedoch trotz Verjährung nicht ein (Anspruch verjährt, das dingliche Recht nicht). Hat der Besitzer das Eigentum nicht bereits durch Ersitzung erworben, so kann Eigentum und Besitz in derartigen Konstellationen dauerhaft auseinanderfallen.

Verwirkung:

Der Eigentümer kann sein Recht aus § 985 BGB auch verwirken, wenn der Besitzer aufgrund des Verhaltens des Eigentümers davon ausgehen konnte, dass dieser von dem Recht keinen Gebrauch mehr macht. In diesem Fall läge nach § 242 BGB eine unzulässige Rechtsausübung vor.

Merke: Diese Rechtsfigur ist mit äußerster Zurückhaltung / Restriktion zu gebrauchen und nur in Extremfällen (Herausgabe wäre für den Besitzer schlechthin unerträglich) zu gebrauchen.

II. Anwendung schuldrechtlicher Ansprüche auf das EBV bei Nichtherausgabe

Zu beachten ist, dass keine speziellen sachenrechtlichen Vorschriften vorliegen dürfen und die Prinzipien des Sachenrechts nicht umgangen werden dürfen.

1. Allg. Leistungsstörungsrecht

a) §§ 280 I, III, 281 BGB

Der Anspruch aus §§ 280 I, III, 281 BGB ist auf das EBV anwendbar. Damit kann der Eigentümer dem Besitzer eine Frist zur Herausgabe setzen und bei Nichteinhaltung Schadensersatz verlangen.

Allerdings muss der Gedanke der §§ 989, 990 BGB beachtet werden, sodass nach e.A. nur der bösgläubige Besitzer und nach a.A. sowohl der bösgläubige als auch der verklagte Besitzer schadensersatzpflichtig sind.

b) §§ 280 I, III, 283 BGB

Der SE-Anspruch wegen Unmöglichkeit findet nach h.M. keine Anwendung auf das EBV, da er andernfalls § 989 f. BGB umgehen würde und damit den redlichen Besitzer bei Unmöglichkeit der Herausgabe schlechter stellen würde.

c) § 285 BGB

Nach ganz h.M. (-).

III. Haftungssystem des EBV

Ein Herausgabeanspruch wird dem Eigentümer regelmäßig nicht genügen, sodass die §§ 987 ff. BGB Ersatzansprüche für das EBV bereithalten. Hauptzweck der §§ 987 ff. BGB ist der Schutz des redlichen Besitzers.

Um einen wirksamen Schutz des redlichen Besitzers zu gewährleisten, müssen die §§ 987 ff. BGB als abschließend gelten.

1. Anwendbarkeitsvoraussetzungen

Wie bereits erwähnt, setzen die §§ 987 ff. BGB ein EBV (Vindikationslage) zum Zeitpunkt des anspruchsbegründenden Ereignisses (Schadenseintritt, Nutzung, Verwendung) voraus. Eine Ausnahme besteht beim Bucheigentum. Bei dem Grundbuchberechtigungsanspruch aus § 894 BGB sind die §§ 987 ff. BGB ebenfalls anwendbar.

Merke: In der Klausur empfiehlt sich unter dem 1. Prüfungspunkt "EBV" folgender Obersatz: Ein Anspruch aus §§ 990 I, 989 BGB (bzw. §§ 990 I, 987 BGB bzw. §§ 994, 996 BGB) setzt voraus, dass im Zeitpunkt des schädigenden Ereignisses (bzw. der Nutzungsziehung bzw. der Verwendung) ein Eigentümer-Besitzer-Verhältnis (Vindikationslage) vorgelegen hat.

Beachte: Es ist für die §§ 987 ff. BGB unbeachtlich, ob der Eigentümer sein Eigentum z.B. durch Veräußerung oder Untergang der Sache verliert, nachdem der Anspruch aus §§ 987 ff. BGB entstanden ist.

Problematische Fallgruppen:

Bei gewissen Fallgruppen ist eine Ausnahme beim Prüfungspunkt EBV im Zeitpunkt der Verletzungshandlung zu beachten:

1. Anwendbarkeit der §§ 987 ff. BGB beim "Nicht-mehr-berechtigten Besitzer"

Zwei Unterfallgruppen sind denkbar: Die Schadensherbeiführung, Nutzungsziehung, Verwendungen hat stattgefunden nach Besitzrechtsende oder sie hat stattgefunden noch während der Zeit des berechtigten Besitzes.

a) Schadensherbeiführung, Nutzungsziehung, Verwendungen nach Ende des Besitzrechts (unproblematisch)

e.A.: EBV ist nicht anwendbar.

Grund: Vorrang des Vertragsverhältnisses. In Fällen der „Nicht-mehr-Berechtigung" liegt kein Fall eines „Kein Recht zum Besitz" vor. Die §§ 987 ff. BGB erfassen nur die Fälle eines unrechtmäßigen Erwerbs, nicht die Fälle einer ex-nunc-Nichtigkeit.

h.M.: Anwendung der §§ 987ff. BGB.

Grund: Das EBV schaut nur auf den maßgeblichen Zeitpunkt und ob ein Besitzrecht besteht. Die Frage, warum das Besitzrecht nicht besteht, ist grds. irrelevant.

b) Schadensherbeiführung, Nutzungsziehung, Verwendungen während der Zeit des berechtigten Besitzes (problematisch)

Auf den ersten Blick alles klar:

Die Vindikationslage fehlt, so dass es keine Ansprüche aus den §§ 987ff. BGB geben kann.

Jedoch wird teilweise pauschal gesagt, der ursprünglich berechtigte Besitzer dürfe nicht schlechter stehen,[19] als der von Anfang unberechtigte Besitzer, so dass die §§ 987ff. BGB anwendbar sein müssten. Hier muss allerdings nach Schadensersatzansprüchen, Nutzungsherausgabeansprüchen und Verwendungsersatzansprüchen differenziert werden.

Was die Schadensersatzansprüche angeht, ist vielmehr von der ausschließlichen Anwendung der Regeln des allgemeinen Schuldrechts aus § 280 BGB und des Deliktsrechts auszugehen, die nicht durch die §§ 989ff. BGB verdrängt werden dürfen.

Und die Frage, ob ein Anspruch auf Herausgabe von Nutzungen besteht, beantwortet der Vertrag oder das Bereicherungsrecht.

Auch bei Verwendungen eines berechtigten Besitzers entscheiden grds. nicht die §§ 994ff. BGB, weil zum Zeitpunkt der Verwendung keine Vindikationslage bestand, sondern das Rechtsverhältnis, aus dem sich das Besitzrecht ergibt. Ein solches Rechtsverhältnis regelt grds. auch das Bestehen eines Anspruchs auf Verwendungsersatz: §§ 536a II BGB, 539 I BGB (Miete), § 601 BGB (Leihe).

Fraglich ist, wie zu verfahren ist, **wenn** es **keine** bzw. **keine abschließende Regelungen** dieser Art in dem Rechtsverhältnis zwischen dem Eigentümer und dem nicht mehr berechtigtem Besitzer gibt:

Rspr.: Analoge Anwendung der §§ 994 ff. BGB

Grund: Der nicht-mehr-berechtigte Besitzer würde schlechter stehen, als der von Anfang an nicht-berechtigte Besitzer.

a.A.: Keine Anwendbarkeit der §§ 994 ff. BGB. Nur Verwendungsersatzansprüche nach §§ 677ff. BGB, 812ff. BGB wegen des Fehlens einer Vindikationslage.

Kritik: Die a.A. ist unbillig, denn die Voraussetzungen der GoA (§ 677ff. BGB) oder des Bereicherungsrechts (§§ 812ff. BGB) sind meist nicht gegeben, so dass der Besitzer praktisch nie einen Ausgleich für seine Verwendungen erhielte.

---

[19] Kein Schutz des redlichen Besitzers, kein Verwendungsersatz.

Merke: Vor allem in Dreiecksbeziehungen stellt sich die Frage, ob man ausnahmsweise die §§ 994ff. BGB anwenden darf.

Merke: Nach h.M. stehen dem Eigentümer im Schadensfall in derartigen Fällen sowohl die Ansprüche aus Vertrag (§§ 280 ff. BGB), Delikt (§§ 823 ff. BGB) als auch Ansprüche aus EBV (§§ 994 ff. BGB analog) zu.

2. Fremdbesitzer überschreitet Berechtigung (Exzess des berechtigten Fremdbesitzers) -> "nicht-so-berechtigte Besitzer"

Eine Überschreitung der Berechtigung berührt nicht die Rechtmäßigkeit des Besitzes, sodass keine Vindikationslage angenommen werden kann. Eine Überschreitung kann über vertragliche und deliktische Schadensersatzansprüche geregelt werden. Der Anwendungsbereich der §§ 987 ff. BGB ist daher auch nicht analog eröffnet.

3. Noch-berechtigter Besitzer

Streitig ist, ob die Ansprüche aus §§ 987 ff. BGB Anwendung finden, wenn der Besitzer zwar rechtmäßiger Besitzer, aber jederzeit zur Herausgabe verpflichtet ist.[20]

Lit.: EBV (-), Besitzer hat wirksames Recht und sogar die Pflicht zum Besitz. Haftung unmittelbar aus Vertrag, Delikt und Bereicherungsrecht.

Rspr.: EBV analog (+), Besitzer weiß, dass er jederzeit zur Herausgabe verpflichtet ist und steht damit dem verklagten besitzer gleich. (§§ 987 ff. BGB ebenfalls analog.)

2. Haftungstatbestände

a) Schadensersatz, §§ 989 ff. BGB

Hinweis: Der redliche, unverklagte aber unrechtmäßige Besitzer haftet grds. nicht aus §§ 989 ff. BGB gem. § 993 I BGB a. E..[21]

Auch besteht keine Haftung nach den §§ 823 ff. BGB, sofern die Voraussetzungen des § 992 BGB bzw. ein Fremdbesitzerexzess nicht vorliegen, da die §§ 989 ff. BGB abschließend sind.

aa) Der unredliche / verklagte Besitzer, §§ 990 I, 989 BGB

(1) Der unredliche (bösgläubige) Besitzer, §§ 990 I, 989 BGB

Der unredliche (bösgläubige) Besitzer haftet auf Schadensersatz nach §§ 990 I, 989 BGB, wenn ihm ein Verschulden bzgl. des Umstandes trifft, aufgrund dessen der Besitzer die Sache nicht herausgeben kann.

---

[20] Verwahrung, Leihe.
[21] Eine Ausnahme bildet § 991 II BGB. Dort haftet der redliche Besitzer im Drei-Personen-Verhältnis der mit einem Dritten ein BMV hat, ggü. dem Eigentümer unter den gleichen Voraussetzungen für einen Schaden.

Merke: § 990 I BGB enthält eine Rechtsgrundverweisung auf § 989 BGB, der das Verschulden des Besitzers im Schadensfall voraussetzt.

Voraussetzungen:

1. EBV (Herausgabeanspruch gem. § 985 BGB) im Zeitpunkt des Schadenseintritts

Beachte: Hier ist an die o.g. problematischen Fälle der Berechtigung zu denken.

2. Bösgläubigkeit

Exkurs: Bösgläubigkeit

Das sachenrechtliche Haftungssystem unterscheidet zwischen redlichem und unredlichem Besitzer. Maßgeblich für die Haftung des Besitzers ist daher seine Gut- bzw. Bösgläubigkeit im Bezug auf sein Recht zum Besitz ggü. dem Eigentümer.

Bösgläubig ist der Besitzer gem. § 990 I 1 BGB i.V.m. § 932 II BGB analog, wenn er bei Erwerb des Besitzes weiß oder grob fahrlässig nicht weiß, dass er ggü. dem Eigentümer kein Besitzrecht hat.

Beachte: Bösgläubig ist der Besitzer gem. § 990 I 2 BGB auch dann, wenn er zwar bei Erwerb gutgläubig, aber im Nachhinein (positive) Kenntnis davon erlangt hat, dass er ggü. dem Eigentümer kein Besitzrecht hat. Achtung: Grob fahrlässige Unkenntnis reicht hier nicht.

Problem: **Zurechnung der Bösgläubigkeit bei Einschaltung Dritter**

Werden Dritte beim Besitzerwerb eingeschaltet, stellt sich die Frage, auf wessen Kenntnis hinsichtlich der Bösgläubigkeit abzustellen ist.

aa) Besitzdiener

Wird ein Besitzdiener eingeschaltet, schadet die Bösgläubigkeit des Besitzherrn, aber auch die Bösgläubigkeit eines Besitzdieners wird dem Besitzherrn nach der h.M. gem. § 166 I BGB analog[22] zugerechnet. Allerdings muss der Besitzdiener wie ein Vertreter auftreten, also Entscheidungsmacht über den Besitzerwerb haben.

Eine a.A. stützt die Zurechnung auf § 831 BGB analog. Dagegen spricht jedoch, dass sich der Geschäftsherr relativ leicht exkulpieren kann.

Eine vermittelnde Ansicht differenziert hier. Tritt der Besitzdiener als Vertreter auf wird § 166 BGB analog angewandt. Beschränkt sich der Besitzdiener beim Besitzerwerb auf eine rein mechanische Tätigkeit soll § 831 BGB analog einschlägig sein.

---

[22] Analog, da der Besitzbegründungswille ein tatsächlicher Wille und keine Willenserklärung darstellt.

34

Merke: Es ist immer zwischen der Gutgläubigkeit beim Eigentumserwerb (§ 932 ff. BGB) und der Gutgläubigkeit beim Besitzerwerb (§ 990 I BGB) zu unterscheiden. Bei der Gutgläubigkeit bzgl. des Eigentumserwerbs kann § 166 I BGB direkt angewandt werden (Grund: Einigung->Willenserklärung), bei der Gutgläubigkeit bzgl. des Besitzerwerbs ist § 166 I BGB hingegen analog anzuwenden.

Beachte: § 278 BGB kann hier nicht zur Anwendung kommen, um die Bösgläubigkeit dem Besitzherrn zuzurechnen, da dieser ein bestehendes Schuldverhältnis voraussetzt und zwischen dem Eigentümer und dem Veräußerer zunächst kein Schuldverhältnis (EBV) besteht, welches Voraussetzung für die §§ 987 ff. BGB ist. Das maßgebliche Schuldverhältnis entsteht überhaupt erst aufgrund der Bösgläubigkeit. Zudem handelt es sich bei § 278 BGB um eine Verschuldenszurechnung und hier geht es um die Zurechnung der Bösgläubigkeit.

Anders beim Punkt „Verschulden" im Rahmen des §§ 989, 990 BGB: Dort ist das gesetzliche Schuldverhältnis „EBV" bereits zustande gekommen, sodass § 278 BGB Anwendung finden kann.

bb) Beschränkt Geschäftsfähige (problematisch)

h.M.: Besitzerlangung deliktsähnlich[23]? Wenn ja, dann wird § 828 III BGB analog auf die Einsichtsfähigkeit des Minderjährigen abgestellt. Ist der Minderjährige einsichtsfähig, wird auf dessen Kenntnis abgestellt. Ansonsten besteht keine Bösgläubigkeit.

Besitzerlangung basiert auf unwirksamer Leistungsbeziehung? Wenn ja, dann wird auf die Kenntnis der Eltern abgestellt.

a.A.   Es ist gem. § 166 BGB analog auf die Kenntnis der Eltern abzustellen.

cc) Erbenbesitzer, § 857 BGB

Nach h.M. erbt der Erbe nicht nur dessen Besitz als solchen sondern auch eine etwaige Bösgläubigkeit des Erblassers, wobei diese fingierte Bösgläubigkeit geheilt werden kann, indem der Erbe die tatsächliche Sachherrschaft (§ 854 I BGB) ergreift und dabei in gutem Glauben war.

dd) Prozessbesitzer

Dem bösgläubigen Besitzer gleichgestellt ist derjenige, der nach Zustellung einer Vindikationsklage (Rechtshängigkeit), den Besitz an der Sache hält. Ab diesem Zeitpunkt muss er damit rechnen, die Sache herausgeben zu müssen.

3. Verletzungshandlung

Beschädigung / Zerstörung / Unmöglichkeit der Herausgabe

4. Verschulden

---

[23] Diebstahlähnlich.

-> §§ 276, 278 BGB (wg. gesetzlichem Schuldverhältnis)
-> Haftung ohne Verschulden (Zufallshaftung) bei Verzug des Besitzers, §§ 990 II, 287 S. 2 BGB <u>nur bei unredlichem Besitzer</u>!
-> Bei Minderjährigen gelten die §§ 827, 828 BGB

(2) Der verklagte Besitzer (§ 989 BGB)

Der verklagte Besitzer haftet bei Verschulden gem. § 989 BGB[24] ab Rechtshängigkeit.

Voraussetzungen:

1. EBV im Zeitpunkt der Verletzungshandlung

2. Verklagter (§ 989 BGB)

    -> Rechtshängigkeit der Herausgabeklage, § 261 ZPO

3. Verletzungshandlung (siehe oben)

4. Verschulden (§ 989 BGB)

Beachte: Geht es um reinen Verzugsschaden (Vorenthaltungsschaden) (Bsp.: Unredlicher Besitzer gibt Sache nicht heraus. Daher entstehen RA-Kosten) der die Sache an sich nicht betrifft,[25] ist die Anspruchsgrundlage für den Schadensersatz § 990 II BGB i.V.m. §§ 280 I, II, 286 BGB (keine Zufallshaftung da Eintritt des Schuldnerverzugs erst aufgrund des Schadens begründet wird) .

Wird hingegen ein anderer Schaden (Bsp.: Untergang/Verschlechterung der Sache) geltend gemacht, während sich der Besitzer bereits in Verzug (Fälligkeit+Mahnung) befindet, richtet sich die Anspruchsgrundlage nach §§ 990 I, 989 BGB, wobei im Verschulden festzustellen ist, dass gem. §§ 990 II, 287 S. 2 BGB eine Zufallshaftung besteht.

<u>Rechtsfolge</u>: Schadensersatz ergibt sich nach § 249 ff. BGB i.V.m. §§ 990 I, 989 BGB bei Verschlechterung oder Untergang der Sache, sowie bei anderen Gründen, aus denen die Sache nicht zurückgegeben werden kann.

bb) Unrechtmäßiger gutgläubiger Fremdbesitzer, §§ 991 II, 989 BGB

In dieser Fallkonstellation besitzt der Fremdbesitzer für einen anderen als den Eigentümer (3-Personen-Verhältnis). Dort haftet der redliche Besitzer im Drei-Personen-Verhältnis der mit einem Dritten ein BMV hat, ggü. dem Eigentümer unter den gleichen Voraussetzungen für einen Schaden.

Merke: Hierbei handelt es sich um eine Ausnahme vom Grundsatz des Schutzes des redlichen Besitzers.

---

[24] Eine Verbindung zu § 990 I BGB ist hier nicht nötig, da alle Voraussetzungen, unter denen ein verklagter Besitzer haftbar zu machen ist, in § 989 BGB erwähnt werden (anders bei § 990 I BGB).
[25] Dann ist der Anwendungsbereich anderer Vorschriften (allg. LSR) eröffnet, da §§ 989 ff. BGB nicht einschlägig sind und mithin keine Sperrwirkung haben. Es ist nur die Konkurrenz zum EBV zu berücksichtigen.

Voraussetzungen:

1. EBV im Zeitpunkt der Verletzungshandlung

2. Gutgläubigkeit des Besitzers

3. Besitzer besitzt für einen anderen (Fremdbesitzerwille)

4. Verletzungshandlung (Verschlechterung, Zerstörung, Unmögl. der Herausgabe)

5. Verantwortlichkeit des unmittelbaren Besitzers ggü. dem mittelbaren Besitzer erster Stufe (nicht ggü Eigentümer)

➜ Haftungsbeschränkungen zwischen Dritten und Besitzer gelten auch ggü. dem Eigentümer

➜ Haftungserweiterungen gelten nach h.M. jedenfalls im Hinblick auf Zufallshaftung nicht ggü. dem Eigentümer, da sonst Besserstellung des bösgläubigen Besitzers

cc) Der deliktische Besitzer, § 992 BGB

Derjenige, der sich die Sache durch (schuldhaft) verbotene Eigenmacht oder eine gegen das Eigentum gerichtete Straftat (Bsp.: §§ 242, 246 (str.), 249, 253, 263 StGB) verschafft hat, soll über die §§ 990 I, 989 BGB hinaus gem. §§ 823 ff. BGB haften.

Beachte: Verbotene Eigenmacht muss entgegen dem Wortlaut des § 858 I BGB nach h.M. bei § 992 BGB auch schuldhaft begangen worden sein, da dies andernfalls zu einer Haftung über §§ 823 ff. BGB ohne Verschulden führen würde, weil der deliktische Besitzer gem. § 848 BGB auf für Zufall haftet.

b) Nutzungsherausgabe, §§ 987 ff. BGB

Die §§ 987 ff. BGB regeln die Herausgabe der gezogenen Nutzungen während des bestehende EBVs.

Nutzungen sind gem. § 100 BGB Früchte (§ 99 BGB), einer Sache oder eines Rechts sowie die Vorteile, welche der Gebrauch einer Sache oder eines Rechts gewährt.

Beachte: Eine Nutzung liegt nur vor, sofern die Muttersache erhalten bleibt.[26] Nutzungen sind Früchte des Gebrauchs und nicht des Verbrauchs!

Früchte
§ 99 BGB unterscheidet hinsichtlich der Früchte einer Sache zwischen unmittelbaren Sachfrüchten (§ 99 I BGB) und mittelbaren Sachfrüchten (§ 99 III BGB).

---

[26] D.h. bei Veräußerung/Verbrauch liegt keine Nutzung vor.

Gebrauchsvorteile

Gebrauchsvorteile entstehen ohne Rücksicht darauf, ob der Besitzer die Sache tatsächlich genutzt hat.

Merke: Da Gebrauchsvorteile nicht rückwirkend herausgegeben können, kommt grds. nur Wertersatz i.H.d. Miet- oder Pachtzinses in Betracht.

Hinweis: Gem. § 955 BGB wird der Eigenbesitzer bei Trennung Eigentümer der Erzeugnisse (Früchte). Dann besteht die Nutzungsherausgabe in einer Übereignung auf den Eigentümer der Muttersache. Wird der Eigentümer der Muttersache gem. § 953 ff. BGB Eigentümer der Erzeugnisse, besteht die Nutzungsherausgabe bereits in dem Herausgabeanspruch gem. § 985 BGB.

aa) Nutzungsherausgabe durch den redlichen / unverklagten Besitzer

Der redliche / unverklagte Besitzer soll gem. § 993 I Hs. 2 BGB grds. genauso wenig für Nutzungen haften, wie für Schadensersatz. Hierzu gibt es jedoch Ausnahmen:

1. Übermaßfrüchte, § 993 I BGB

Gem. § 993 I Hs. 1 BGB hat der (entgeltliche[27]) redliche / unverklagte Besitzer gezogene Übermaßfrüchte nach Bereicherungsrecht (Rechtsfolgenverweisung) herauszugeben, soweit er noch bereichert ist (§ 818 III BGB).

Übermaßfrüchte sind nach § 993 I BGB Früchte, die im Rahmen einer ordnungsgemäßen Wirtschaft nicht als Ertrag einer Sache anzusehen sind (z.B. Kahlschlag eines Waldes), sondern einen Substanzeingriff darstellen.

2. Unentgeltlicher (redlicher) Besitzer, § 988 BGB

Auch hier geht es um den redlichen Besitzer. Dies ergibt sich aus § 990 I BGB der die Haftung des bösgläubigen Besitzers gerade nicht für § 988 BGB regelt. Allerdings muss der Besitzer hier unentgeltlich Besitz haben (Bspw. Leihvertrag). Dann hat er die jeweiligen Nutzungen nach dem Bereicherungsrecht (Rechtsfolgenverweis) herauszugeben.

Voraussetzungen:

1. EBV im Zeitpunkt der Nutzungsziehung

2. Gutgläubiger Eigenbesitz oder Fremdbesitz aufgrund dinglichen oder schuldrechtlichen Nutzungsrechts

3. Unentgeltlicher Besitzerwerb (durch Rechtsgeschäft ohne Gegenleistung oder indem sich der Besitzer die Sache selbst verschafft hat.)

4. Tatsächliche Nutzungsziehung

---

[27] Die ungeschriebene Voraussetzung der Entgeltlichkeit des Besitzes folgt im Umkehrschluss aus § 988 BGB, nach dem der unentgeltliche Besitzer jegliche Nutzungen herauszugeben hat.

3. Rechtsgrundloser (redlicher/unverklagter) Besitzerwerb, § 988 BGB analog

Umstritten ist, ob der rechtsgrundlose Besitzerwerb mit dem unentgeltlichen Besitzerwerb gem. § 988 BGB analog gleichzustellen ist.

Rspr.: (+), § 988 BGB analog ist im Falle des EBV anzuwenden.

Grund: Sonst würde der rechtsgrundlose Eigentumserwerber schlechter stehen als der rechtsgrundlose Besitzerwerber, weil der rechtsgrundlose Besitzer die Nutzungen behalten dürfte, da Bereicherungsrecht konsequenter Weise aufgrund der abschließenden Regelung der §§ 987 ff. BGB nicht in Frage kommt. Dies wäre unbillig, da es nur vom Zufall abhängt, ob auch das dingliche Rechtsgeschäft nichtig ist.

Lit.: (-). Eine Gleichstellung wird abgelehnt und stattdessen eine unmittelbare Anwendung der §§ 812 ff. BGB gefordert.

Beachte: Die Literaturmeinung führt nur in Dreipersonenverhältnissen zu unterschiedlichen (gerechteren) Ergebnissen. Nach der Rspr. hat der Eigentümer einen Anspruch auf Nutzungsersatz ggü. dem Besitzer. Der Besitzer kann dem Eigentümer jedoch nicht das Entgelt (Kaufpreis) für den Besitzerwerb entgegenhalten. Deshalb kann nach der Literatur nur der Dritte den unrechtmäßigen rechtsgrundlosen Besitzer aus §§ 812 I 1 Alt. 1, 818 I BGB in Anspruch nehmen, wobei der Besitzer seinen Anspruch auf Rückzahlung des Kaufpreises aus § 812 I 1 Alt. 1 BGB dem Dritten entgegenhalten könnte. Und der Eigentümer E muss sich wegen der Nutzungen an den Dritten halten, und zwar entweder aus §§ 992, 823, 249 BGB oder aus §§ 687 II, 681 S. 2, 667 BGB.

bb) Nutzungsherausgabe durch den unredlichen / verklagten Besitzer, § 990 I, 987 BGB

Der unredliche Besitzer haftet dem Eigentümer auf Nutzungsersatz gem. §§ 990, 987 BGB. Der Prozessbesitzer haftet dem Eigentümer auf Nutzungsersatz gem. § 987 BGB.

§ 987 I BGB umfasst die Nutzungsherausgabe bzgl. tatsächlich gezogener Nutzungen:

Voraussetzungen des § 990 I, 987 I BGB:

1. EBV im Zeitpunkt der Nutzungsziehung
2. Verklagter oder unredlicher (§ 990 I BGB) Besitzer
3. Tatsächlich nach Rechtshängigkeit oder Bösgläubigkeit gezogene Nutzung

Merke: Ist die Herausgabe der Früchte i.S.d. §99 I BGB nicht mehr möglich, weil die Nutzungen nicht mehr vorhanden sind, gelten die die §§ 275 ff. BGB. Ein

Ersatzanspruch ergibt sich sodann (verschuldensabhängig[28]) gem. §§ 280 I, III, 283 BGB.

Bei Gebrauchsvorteilen ist stets Wertersatz zu leisten. Da § 987 BGB nicht auf das Bereicherungsrecht verweist, kann sich der Besitzer hier auch nicht auf Entreicherung berufen.

§ 987 II BGB umfasst den <u>schuldhaft nicht gezogenen</u> Nutzung<u>sersatz</u>[29]:

Voraussetzungen des § 990 I, 987 II BGB:

1. EBV im Zeitpunkt der Nutzungsziehung
2. Verklagter oder unredlicher (§ 990 I BGB) Besitzer
3. Schuldhaft <u>nicht gezogene Nutzung</u>
    -> Es besteht <u>keine Schuld</u>, wenn es <u>nicht der Verkehrsanschauung entspricht, Nutzungen zu ziehen</u> (Bsp. Unternehmer einer Werkstatt nutzt das abgegebene Auto nicht zum fahren)

Beachte: Bei der Prüfung der Schuld kann keine Zufallshaftung gem. § 287 S. 2 BGB entstehen, da sich der Verzug auf die Herausgabe der Sache bezieht und nicht auf die Nutzungsziehung.

cc) Deliktischer Besitzer

Hat der Besitzer den Besitz <u>schuldhaft</u> durch verbotene Eigenmacht oder eine Straftat erworben, haftet dieser über § 992 BGB gem. § 823 BGB. Sofern der Besitzer unredlich / verklagt ist, auch über §§ 990 I, 987 BGB.

c) Verwendungsersatz, §§ 994 ff. BGB

Die §§ 994 ff. BGB geben dem Besitzer in bestimmten Fällen einen <u>Anspruch ggü. dem Eigentümer</u>, mit dem er gewisse Aufwendungen, die er auf die Sache gemacht hat, ersetzt verlangen kann, wobei ein gegebener Verwendungsersatzanspruch zunächst nur ein Zurückbehaltungsrecht ggü. dem Herausgabeanspruch des Eigentümers gem. § 1000 BGB darstellt.[30]

Hinweis: Das Zurückbehaltungsrecht des § 1000 BGB besteht neben § 273 BGB, da der Verwendungsersatzanspruch erst fällig wäre, wenn die Voraussetzungen des § 1001 BGB vorliegen würden. Ein Zurückbehaltungsrecht nach Rückgabe der Sache wäre jedoch widersinnig.

---

[28] Ausnahme: Besitzer befindet sich zum Zeitpunkt des Nutzungsuntergangs bereits in Verzug.

[29] Geschuldet ist der objektive Wert der gezogenen Nutzung.

[30] Dieses Zurückbehaltungsrecht steht dem Besitzer nicht zu, sofern er den Besitz durch eine vorsätzliche unerlaubte Handlung erlangt hat. Das Zurückbehaltungsrecht besteht ferner logischer Weise nicht, wenn der Besitzer die Sache bereits zurückgegeben hat, da gerade ein Rückgabeverweigerungsrecht der Sinn des § 1000 BGB ist.

Beachte: Da Verwendungsersatzansprüche grds. gesetzlich und ohne den Willen des Eigentümers entstehen, beschränkt sich die diesbezügliche Ersatzpflicht zunächst lediglich auf die Sache selbst.

Verwendungsbegriff:

Nach h.L. sind Verwendungen willentliche Vermögensaufwendungen, die der Sache zugute kommen sollen (weiter Verwendungsbegriff).

Merke: Nach dieser Definition kommt es nicht auf eine Wertsteigerung an.

Nach Rspr. muss die Sache jedoch als solche erhalten bleiben, um von einer Verwendung zu sprechen (enger Verwendungsbegriff).

Es ist zwischen notwendigen (§ 944 BGB), nützlichen (§ 996 BGB) und Luxusaufwendungen zu unterscheiden.

aa) Notwendige Verwendungen

Notwendige Verwendungen sind bei <u>objektiver und vernünftiger</u> wirtschaftlicher Betrachtungsweise <u>erforderlich, um die Sache in ihrem wirtschaftlichen Bestand zu erhalten.</u>

Hinweis: Derartige Aufwendungen hätte auch der E. vernünftigerweise unternommen (gewöhnliche Erhaltungskosten (§ 994 I 2 BGB); Lasten wie die Grundsteuer (§ 995 I BGB).

bb) Nützliche Verwendungen

Nützliche Verwendungen sind zwar <u>nicht notwendig</u>, aber sie <u>erhöhen den Wert der Sache objektiv oder steigern ihre Gebrauchsfähigkeit</u> (§ 996 BGB).

Merke: Hier ist jedoch weitestgehend auf die Brauchbarkeit für den Eigentümer abzustellen.

cc) Luxusaufwendungen

Dies sind solche Verwendungen, die den Wert der Sache weder erhöhen, noch für den Eigentümer von Nutzen sind.

Luxusaufwendungen werden nicht ersetzt.

Beachte: Hat der Besitzer <u>keinen Anspruch auf Verwendungsersatz</u>, bleibt diesem nur das <u>Wegnahmerecht gem. § 997 BGB</u>.

Wichtig: In 3-Personen-Verhältnissen ist streitig, wer die Verwendung getätigt hat, wenn sie auf Veranlassung des Dritten geschehen aber durch den Besitzer vollzogen werden. Davon ist abhängig ob demjenigen überhaupt ein solcher Anspruch zusteht.

Laut h.L. ist Verwender derjenige, der die Verwendung auf eigene Rechnung veranlasst hat (also der Dritte). Demnach würde dem Besitzer überhaupt kein Verwendungsersatzanspruch zustehen.

Nach BGH ist jedoch der Besitzer aus Billigkeitsgründen Verwender.

1. Redlicher / unverklagter Besitzer

a) Verwendungsersatz für notwendige Verwendungen, § 994 I 1 BGB

Voraussetzungen:

1. EBV <u>im Zeitpunkt der Verwendung</u>

2. Unverklagter / redlicher (gutgläubiger) Besitzer (§ 994 II BGB e.c.)

3. Notwendige Verwendung (siehe oben)

4. Klagbarkeit, § 1001 BGB

      -> Eigentümer hat Sache wiedererlangt (mind. Mittelbarer Besitz) oder
      -> Eigentümer hat Verwendung genehmigt oder
      -> Eigentümer hat die unter dem Vorbehalt des Verwendungsersatzanspruchs
      angebotene Sache angenommen

5. Kein Erlöschen des Anspruchs gem. § 1002 BGB

      -> 1. Monat nach Herausgabe bzw. 6. Monate bei Grundstücken

---

b) Verwendungsersatz für nützliche Verwendungen, § 996 BGB

Voraussetzungen:

1. EBV im Zeitpunkt der Verwendung

2. Unverklagter / redlicher Besitzer bei Verwendung

3. Nützliche Verwendung

4. Wertsteigerung / Nützlichkeit ist im Zeitpunkt der Wiedererlangung noch vorhanden, § 996 BGB a. E.

5. Klagbarkeit, § 1001 BGB (siehe oben)

6. Kein Erlöschen des Anspruchs, § 1002 BGB

Merke: Die Werterhöhung muss bei der Herausgabe noch vorliegen.

Problem: **Wessen Sicht ist bzgl. der Nützlichkeit maßgeblich?**

e.A.: Subjektive Brauchbarkeit für den Eigentümer

a.A.: Sicht des Besitzers ist maßgeblich.

Grund: Blick auf Unterscheidung zwischen § 994 I BGB und § 994 II BGB (GoA). Erst bei § 994 II BGB soll der Wille / das Interesse des Eigentümers berücksichtigt werden.

c) Luxusaufwendungen

Für Luxusaufwendungen ist der rechtliche / unverklagte Besitzer auf das Wegnahmerecht nach § 997 BGB beschränkt.

d) Rechtsfolge, § 999 BGB

Gem. § 999 I BGB kann der Besitzer auch Verwendungsersatz für solche Aufwendungen verlangen, die sein Vorbesitzer getätigt hat, da die vom Vorbesitzer getätigten Aufwendungen regelmäßig in dem an diesen gezahlten Kaufpreis enthalten sind.

Außerdem ist der Anspruch um solche Verwendungen zu kürzen, die die gewöhnlichen Erhaltungskosten zu einer Zeit betreffen, zu welcher der Besitzer Nutzungen gemacht hat, die er auch nicht herausgeben muss (regelmäßig nur beim unverklagten / redlichen Besitzer der Fall)

2. Unredlicher / verklagter Besitzer

Verwendungsersatz für notwendige Verwendungen, § 994 II BGB

Voraussetzungen:

1. EBV im Zeitpunkt der Verwendung

2. Verklagter oder unredlicher (bösgläubiger) Besitzer

3. Notwendige Verwendung nach Rechtshängigkeit oder Bösgläubigkeit

4. Voraussetzungen der §§ 683, 670 BGB (berechtigte GoA) oder §§ 684, 818 BGB (unberechtigte GoA) <- Partielle Rechtsgrundverweisung zu den §§ 677 ff. BGB

Merke: Damit der unredliche Besitzer Verwendungen vom Eigentümer ersetzt verlangen kann, müssen die Voraussetzungen der echten GoA vorliegen! Entweder muss das Geschäft dem Interesse oder mutmaßlichen Willen entsprechen oder zumindest mit Fremdgeschäftsführungswille gegen den Willen des Geschäftsführers gerichtet sein. Im letzteren Fall ist jedoch zu beachten, dass sich der Eigentümer ggf. gem. § 818 III BGB auf Entreicherung berufen kann.

5. Klagbarkeit, § 1001 BGB (siehe oben)

6. Kein Erlöschen, § 1002 BGB (siehe oben)

3. Konkurrenzen

Grds. stellen die §§ 987 ff. BGB eine abschließende Regelung dar, soweit es um Schadensersatz, Nutzungen oder Verwendungen geht.

Probleme:

a) Veräußerung / Verbrauch / Gesetzlicher Eigentumserwerb

Bei der Veräußerung bleibt § 816 BGB anwendbar. Auch der Verbrauch (§ 812 I 1 Alt. 2 BGB) stellt keine Nutzung dar, da die Muttersache nicht erhalten bleibt. Als Rechtsfortwirkungsanspruch gelten trotz (zunächst bestehendem) EBV die §§ 951, 812 BGB als Ansprüche des ursprünglichen Eigentümers.

b) Schadensersatz wegen Verzug der Herausgabe, §§ 280 I, II, 286 BGB (Auffang)

SE wg. Verzug der Herausgabe kann nach allg. Leistungsstörungsrecht trotz bestehendem EBV geltend gemacht werden.

Grund: § 990 II BGB ordnet Anwendung des allgemeinen Schuldrechtes auf Anspruch aus § 985 BGB ausdrücklich an, soweit der TB des § 990 I BGB vorliegt.

Merke: Liegen die Voraussetzungen eines Schadens- oder Nutzungsersatzes nach §§ 987 ff. BGB nicht vor, besteht für den Eigentümer immer noch die Möglichkeit gem. §§ 280 I, II 286 BGB i.V.m. § 990 II BGB einen Ersatzanspruch vom unredlichen Besitzer zu erlangen.

b) § 823 ff. BGB

Nach h.M. sind die §§ 823 ff. BGB (mit Ausnahme des § 826 BGB[31]) ausgeschlossen, sofern während des schadensbegründenden Ereignisses ein EBV bestand.

Ausnahmen:

aa) § 992 BGB

§ 992 BGB regelt, dass die §§ 823 ff. BGB neben dem EBV anwendbar ist, wenn der Besitzer die Sache durch verbotene Eigenmacht oder eine sonstige strafbare Handlung erlangt hat.

Hinweis: Die Unterschlagung ist keine Straftat i.S.v. § 992 BGB.

bb) Fremdbesitzerexzess

Im Falle des Fremdbesitzerexzesses (hier: unrechtmäßiger gutgläubiger Fremdbesitzer überschreitet sein vermeintliches Besitzrecht) sind die §§ 823 ff. BGB

---

[31] § 826 BGB ist nach einheitlicher Auffassung neben dem EBV uneingeschränkt anwendbar.

nach h.M. ebenfalls anwendbar, um den rechtmäßigen Fremdbesitzer im Exzess nicht schlechter zu stellen.[32]

Merke: Zudem liegt in solchen Fällen regelmäßig ein BMV zugrunde, aus welchem der Besitzer grds. gehaftet hätte. Ein nichtiges BMV soll nicht dazu führen, dass der gutgläubige/redliche Besitzer von jeglicher Haftung frei wird.

c) §§ 812 ff. BGB

aa) Bei Nutzungsersatz

Rspr:: Die §§ 987 ff. BGB gelten abschließend.

Lit.: Zumindest die Leistungskondiktion ist daneben anwendbar.

bb) Bei Verwendungsersatz

h.M.: Die §§ 994 ff. BGB bilden eine abschließende Regelung. Auch die §§ 951, 812 BGB treten zurück.

Problem: **Wegen Anwendung des engen Verwendungsbegriffs der Rspr. geht § 994 BGB nicht durch.**
Dann möglicherweise doch §§ 951, 812 BGB zulassen?

Rspr.: Theorie der absoluten Sperrwirkung der §§ 994 ff. BGB
Arg.: Die Wertung der §§ 994 ff. BGB würde andernfalls unterlaufen werden.

Zudem würde es andernfalls dem unrechtmäßigen unredlichen Besitzer zu leicht gemacht werden, Verwendungsersatz zu erlangen. Nach den §§ 994 II, 996 BGB erhält der unredliche unberechtigte Besitzer Verwendungsersatz nur dann, wenn die Voraussetzung der GoA vorliegen (§ 994 II BGB) bzw. gar nicht (§ 996 BGB).

Lit.: Sperrwirkung nur bei Einschlägigkeit einer Verwendung i.S.d. §§ 994 ff. BGB

Arg.: Dem Verwender würde lediglich das Wegnahmerecht (Abtrennungsrecht) gem. § 997 BGB verbleiben. Dieses bietet aber keinen ausreichenden Schutz für den Verwender aufgrund hoher Kosten der Abtrennung und Einschränkungen (§ 997 II BGB).

Zudem würde die Sperrwirkung der §§ 994 ff. BGB den besitzenden Verwender schlechter stellen, als den nicht besitzenden Verwender. Dafür lässt sich jedoch kein plausibeler Grund finden.

Außerdem könnte der Schutz des Eigentümers über die "aufgedrängte Bereicherung" gem. § 818 II BGB erreicht werden.

Somit ist der Literaturmeinung zu folgen.

---

[32] Dieser würde nämlich uneingeschränkt über die §§ 823 ff. BGB haften, da kein EBV besteht (wg. Besitzrecht)